ふたつのドイツ国鉄

東西分断と長い戦後の物語

鳩澤歩

NTT出版

ふたつのドイツ国鉄——東西分断と長い戦後の物語

目次

NÖS：新経済システム（国民経済の計画と指導のための新経済システム）Neues Ökonomisches System der Planung und Leitung

Rbd：ライヒスバーン・ベルリン管理局　Reichsbahndirektion

RIAS：アメリカ占領地区放送　Rundfunk im Amerikanischen Sektor

RVW：国鉄（ライヒスバーン／DR）修理工場　Reichsbahn Verbessrungswerk

SED：ドイツ社会主義統一党（東ドイツの独裁政党）Soialistische Einheitspartei Deutschlands

SED-W（SEW）：ドイツ社会主義統一党西支部　Soialistische Einheitspartei Deutschlands West

SMAD：在独ソ連占領軍政府（ソヴィエト軍政局）Sowjetische Militäradministration in Deutschland

SPD：ドイツ社会民主党　Sozialdemokratische Partei Deutschlands

TEE：欧州特急（トランス・ヨーロッパ・エクスプレス）Trans Europa（Trans-European）Express

UGO：独立労働組合反対派　Unabhängige Gewerkschafts-Opposition

ZBK：列車乗務分遣隊　Zugbegleitkomando

ZK：SED中央委員会　Zentral Komitee

本書に登場する略語一覧

BAR：ベルリン外環状線　Berliner Ausserring
BRD：ドイツ連邦共和国（1990年までの西ドイツ、統一以降のドイツ）Bundesrepublik Deutschland
BVG：（西）ベルリン交通局　Berliner Verkehrsgesellschaft
CDU：キリスト教民主同盟　Christlich-Demokratische Union
CDU/CSU：キリスト教民主同盟・社会同盟（国政レベルではCDUは姉妹政党CSU〔Chrislich-Soziale Union〕と共同）
CEEC：欧州経済協力委員会　Committee for European Economic Co-operation
DB：ドイツ・ブンデスバーン（西ドイツ国鉄）Deutsche Bundesbahn
DB AG：株式会社ドイツ鉄道（1994年に旧DRと旧DBの合併と民営化で成立した「ドイツ鉄道株式会社」）Deutche Bahn Aktiengesellschaft
DDR：ドイツ民主主義共和国（東ドイツ）Deutsche Demokratische Republik
DGB：ドイツ労働総同盟（西ドイツならびに統一ドイツ）Deutscher Gewerkschaftsbund
DIW：ドイツ経済研究所　Deutsches Institut für Wirtschaftsforschung
DM：ドイツ・マルク（西ドイツおよびユーロ導入前の統一ドイツの通貨）Deutsch Mark
DR：ドイツ・ライヒスバーン（東ドイツ国鉄）Deutsche Reichsbahn
DRG：ドイツ・ライヒスバーン会社（1937年までの特殊会社ドイツ・ライヒスバーン）Deutsche Reichsbahn Gesellschaft
EC：ユーロシティ（DBの都市間特急列車）EuroCity
EC：欧州共同体　European Community
EEC：欧州経済共同体　European Economic Community
EU：欧州連合　European Union
FD：DBの長距離急行列車　Fernschnellzug
FDGB：自由ドイツ労働総同盟（東ドイツ）Freier Deutscher Gewerkschaftsbund
GdED：ドイツ鉄道労組　Gewerkschaft der Eisenbahner Deutschlands
IC：インターシティ（DBの遠距離連絡・優等列車）Intercity
ICE：インターシティエクスプレス（DBの欧州高速列車）InterCityExpress
IR：インターレギオ（DBの地域間特急）Interregio
KBS：定期運行路線　Kursbuchstrecken
KPD：ドイツ共産党　Kommunistische Partei Deutschlands
LDP（LDPD）：ドイツ自由民主党　Liberal-Demokratische Partei Deutschlands

「それにしても、いったいぜんたい、どっちがどっちでいらっしゃるんですかねえ?」

ふたりのちいさな女の子は、どぎまぎして目を見合わせる。

(……)

「おふたりさんがわからないなら、わたしごときにわかるはずがありませんねえ」

エーリッヒ・ケストナー(池田香代子訳)
『ふたりのロッテ』岩波少年文庫(二〇〇六)

はじめに――「あちら」と「こちら」の鉄道

『夏の闇』の電車

「……ねえ、あちらのこちらへいってみない。このままだといいんだけど、とてもつづきそうに思えないのよ。お家に帰るのが不安なの。またぶりかえすんじゃないかと思ってね。だから体をかわすのよ。あそこへいってみましょうよ。私もしばらくいってないの」

開高健（1930－89）の長編小説『夏の闇』（1972）の終盤。一九六〇年代半ば、ヴェトナム戦争（一九五五～七五年）従軍取材の凄惨な経験で、信ずるべき自己を喪失した「私」は、旧知の「女」と一〇年ぶりにヨーロッパで再会した。ドイツ留学中の「女」が暮らす大学都市の教員用宿舎の一室で、「私」はひたすら性行為と飲食、睡眠にひたる日々をすごす。日本での孤独な生活で恵まれず、脱出するように留学に出た「精悍」と形容される「女」は、博士論文を完成させ、流れ着いた外国の大学での成功を目の前にして、日本と日本人への憎悪と復讐心を隠さない。愛欲の日々のなかでともに心充たされない二人は、内面の空漠を互いにつきつけあう形となる。南ドイツの湖への旅でリフレッシュされたかにみえたが、ある日、「女」が引用した台詞のように提案した。

「あちらのこちら」とはどこか。小説は少数の点景的な人名のほか、固有名詞、とりわけ重要な地名の多くを省いている。「私」が過去に東京で関係をもっていた「女」と再会する「首府の学生町」も、転がり込んだ「となりの国の小さな首府」である大学都市の名も記されておらず、読者は、これはおそらくフランスのパリ・カルチェラタンであり、おそらく(西)ドイツのボンであろうと想像するだけである。だが、「あちらのこちら」が当時の西ベルリン——第二次世界大戦後、東西に分断されたかつてのドイツ(ナチス・ドイツ、ドイツ国《ライヒ》)の首都ベルリンの西部、西側(米英仏)共同占領区を指すことはあきらかである。

一九六〇年代半ばの西ベルリンは、東西に分裂した東ドイツ(ドイツ民主共和国・略称DDR)のなかに離れ小島のように取り残された西側の地域であった。だから西ドイツ(ドイツ連邦共和国・略称BRD)はじめ西欧圏では、ときに「あちらのこちら」と呼んだらしい。東側——いわゆる「社会主義陣営」という「あちら」——のなかの「こちら」、西側すなわち「資本主義陣営」あるいは「自由主義陣営」である。

一九四五年のナチス・ドイツ敗北以来の米ソ英仏連合国四カ国による旧首都共同統治の体制

は、四九年の東西に分裂しての建国や、五〇年代初頭の西ドイツの完全主権回復ののちも、ベルリン西部地域には健在だった。街の半分以上を占めるベルリン東部は長々しく「ドイツ民主共和国の首都・ベルリン」を正式名称とし、西ベルリンは四囲が東ドイツという「赤い海に浮かぶ離れ小島」と呼ばれた。六一年八月一三日以降は、東西の通行を物理的に遮断するいわゆる「ベルリンの壁」に囲まれた。西ベルリンは、ドイツ西部に建国されていたドイツ連邦共和国（西ドイツ）から法制上は切り離された、特殊な地域でありつづけた。東西冷戦の焦点であり、経済的繁栄を社会主義圏に誇示したい西側にとっては「ショーウィンドー」でもあった。

小説にもどろう。南ドイツの湖水から山を下りて西ベルリンに着いた「私」は、ヴェトナムの戦線に新たな動きがあるという新聞記事に接し、動揺する。すでに別れがはじまっていた。不可解な衝動につきうごかされ、戦争をこの目で見るために、またヴェトナムにむかおうと決意している男を、「女」は自分と切れるためだとなじった。だが「私」は、すでに「明日の朝、十時」の便を予約していた。

観念した「女」と「私」は、「電車」すなわち「市の上空を走る環状線の高架鉄道」に乗ることにする。「あちら」すなわち東側が経営する高架駅の、荒廃しきった暗いプラットホームに立つと、やがて電車がやってくる。

何輛も連結してあるがどの箱にも乗客は一人か二人いるきりで、なかにはまったくからっぽのもあった。おりる人もいず、乗る人もいない。女と私がドアをこじあけて乗りこむと、電車はギシギシ軋みながら走りだした。古鉄の箱は老いているけれど頑強で、そして清潔であった。（中略）つぎつぎと駅につくが、どの駅もこの駅もおなじようにからっぽで、おなじように荒寥としているので、不動のひとつの駅があってそのまえをとめどなく走りつづけているような気がしてくる。

しばらくすると女が、
「東に入ったわ」といった。
またしばらくすると、
「西に入ったわ」

列車はどうも、東ベルリンと西ベルリンをしきりに出入りしながら走っているようだ。

入ってきて、人生と叫び、出て行って、死と叫んだ。

「東」も「西」も、けじめがつかなくなった。「あちら」も、「こちら」もわからなくなった。
走っているのか、止まっているのかも、わからなくなった。

作家・開高健は、第二次大戦下の大阪で育った。のちに『青い月曜日』（1969）で小説化されたような苦しい少年時代をおくり、旧制大阪高校を経て大阪市立大学法学部を卒業。その後、寿屋（現・サントリー）に入社、宣伝部に所属してウィスキーの名コピーを量産したが、ネズミの大群が腐敗した人間社会を襲うという短編小説「パニック」（1957）で脚光をあびた。直後に、管理社会を告発する短編「裸の王様」で芥川賞を受賞し、以降、文芸の世界だけではなく、マスコミ・ジャーナリズムでも華やかに活躍した。昭和五〇年代（一九七五～八五年）に話題を呼んだ、サントリー・ウィスキーの凝った作りのテレビCMの顔のひとりでもあった。

その著者みずからが「第二の処女作」と呼ぶこの長編小説の終幕は、「Sバーン」と呼ばれるベルリンの市街電車の荒れ果てた風景である。ちなみに「S」は通常、「都市（Stadt）」を指すとされ、「バーン（Bahn）」は道、鉄道路線の意味だ。『夏の闇』の下敷きになる人物や出来事は存在し、「女」のモデルとなる実在の女性たちも確定されている。

もちろん、小説は現実をそのままレポートするものではない。「私」が作家自身を強く思い起こさせるとしても、決して開高健本人ではないように、「女」もモデルの一人に擬されるロシア文学者・佐々木千世子（千世）（1933－70）とは独立した存在であろう。佐々木のボン大学留学時代を知る言語学者の田中克彦は、作中の自立的で聡明なヒロインとは似て非なる

「千世さん」の人間像を書き留めている。

田中氏の自伝では、一九六四年にボン大学モンゴル学研究室に急に加わった「千世さん」を回想して、その人となりにも研究者としての実力にも皮肉な視線を向けている。『夏の闇』という作品に対してもかなり辛辣な筆致で、当時としては珍しかった外国暮らしを「イナカッペ日本人としては比類のないしゃれた生活のように見せびらかして書いている」「商品カタログまがい」の「この小説は俗っぽくてくだらない」[1]と、にべもない。

こうした一刀両断の作品評価――作中の事実関係への小さな誤読も含まれているようだが――の是非はともかく、問題は別のところにある。

そもそも、作品終曲の舞台装置となる、東西ベルリンをまたぎ「いつまでも市の上空を旋回しつづけ」る「環状線」は、作中の時期である一九六〇年代半ば以降(一九六八年と推定される[2])には存在しなかった。

電車は環状線なので「あちら」へ入ったり「こちら」へ入ったりしながら昼夜休むことなく走っている。

と開高は書いたが、一九六一年八月一三日の「ベルリンの壁」建設によって、第二次世界大戦前から存在していたベルリン環状線は境界で断絶し、東西の領域内で路線は閉じて運営され

図表0-1　「壁」建設後のベルリンSバーン路線図

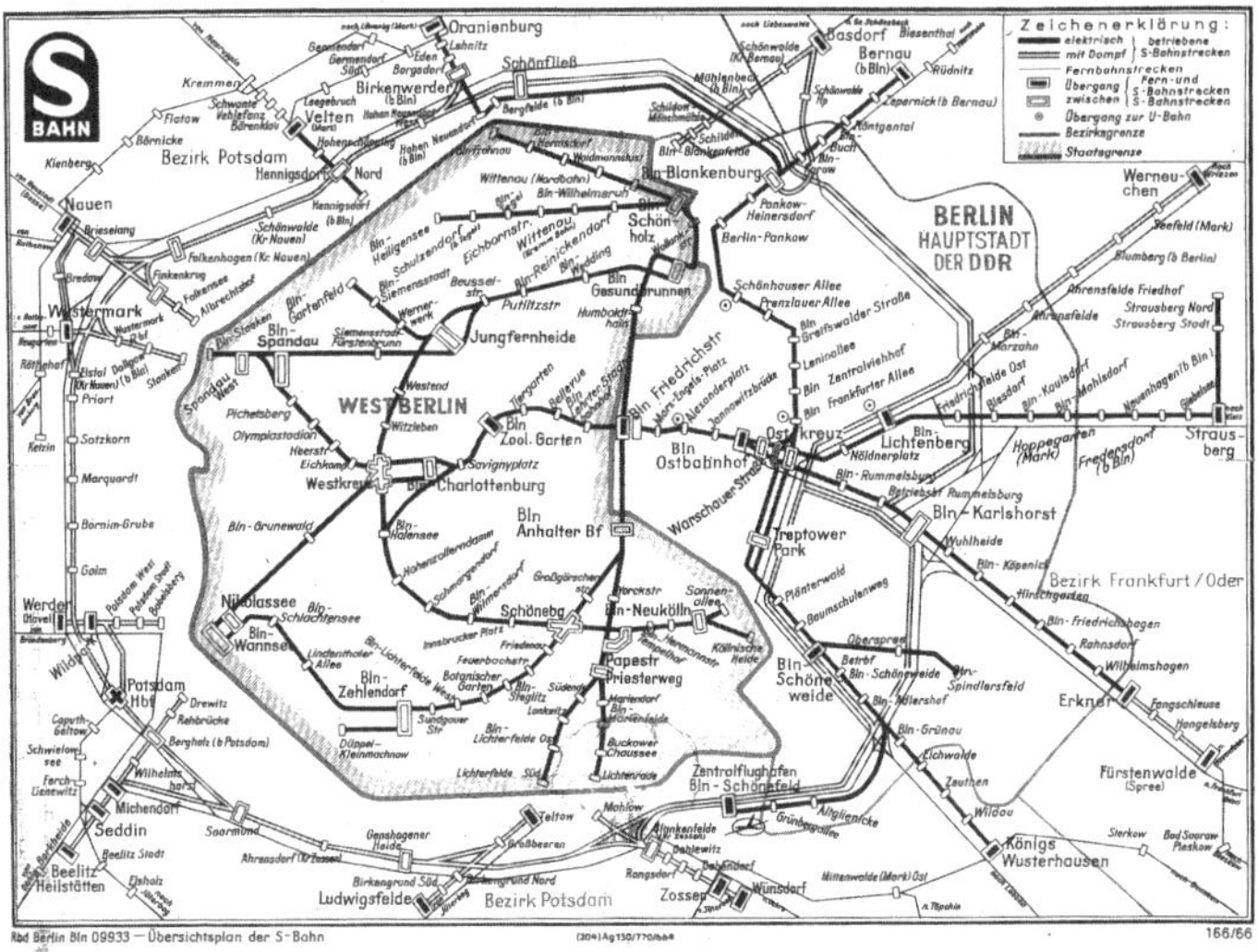

ていた。

作中の二人を乗せたSバーンの電車は、東西の検問所となっている駅を通る。これは東ベルリンの中心、大通りウンター・デン・リンデンにもほど近い「フリードリヒシュトラーセ」駅のことであろう。ここから、モデルである開高と佐々木が乗ったかもしれない路線はすでに推理されている。[3] この「『環状線』はどこ?——『夏の闇』とベルリンSバーン」と題するブログを見つけたとき、長年の疑問が氷解した思いであった。

女は、

「また、東よ」

という。

しばらくすると、

「西だわ」

といった。

こうした調子を実現する走行路線はたしかにあった。都市中央部の「ベルリンの壁」を越えて東ベルリンに浅く切り込むように、南北方向に走る路線であるらしい。

具体的には、西ベルリン市の北部で乗車したとすると、「ベルリンの壁」のすぐ横にある「ヴォランクシュトラーセ」を経て、壁のおかげで閉鎖され「幽霊駅」(乗降の許されない無人駅)になってしまった東の「ボルンハイムシュトラーセ」駅を通過後、また西ベルリンの「フンボルトハイン」駅に停まった後、「また、東よ」と東ベルリンに入り、「フリードリヒシュトラーセ」駅をめざしておよそ五分間、ノンストップで南下する。同駅を出たのち、西ベルリンの「アンハルト」駅まで、また五分間、「ウンター・デン・リンデン」「ポツダム広場」などの「幽霊駅」を黙殺して電車は走ったはずだ。これらは第二次大戦前に、南北に掘られたトンネルのなかにある地下駅である。

一九六〇年代の路線表では、「KBS 100c」と路線番号がふられていた「ハイリゲンゼー〜リヒテンラーデ」間路線、あるいは「KBS 100e」こと「フローナウ〜ヴァンゼー」間路線が、これにあてはまる。「KBS 100d」すなわち「ゲズントブルンネン〜リヒターフェルデ南」も、この一部を走って、壁をこえていた。いずれも基本的にはベルリンを南北に縦貫した路線。[4]「１００c」は西ベルリン北部で、「１００e」は南部でかなり長い距離を東西方向に走ったので、どちらかが「環状線」を作家に勘違いさせたのかもしれない。ただしこれらが走るベルリン南郊は緑豊かな住宅地で、とくに「１００e」終点はヨット・ハーバーもあるヴァン湖《ゼー》のほとりの別荘地である。作中の荒涼とした市街地の印象は薄い。ある路線を実際に端から端まで乗りつづけたわけではないのだろう。実際の分断された環状線の名残や、都市中央部を走って「フリードリヒシュトラーセ」にいたる「ＫＢＳ １００g」（現在のＳ3、Ｓ5、Ｓ6、Ｓ7の路線の一部）など、Ｓバーンの複数路線に乗車した記憶を混ぜていたのではないか。

　このベルリン・Ｓバーンの運行は、東西の領域ともに、「ドイツ・ライヒスバーン」（東ドイツ国鉄：ＤＲ）がおこない、西ベルリンのＳバーンの駅舎等の設備も全て東独国鉄のものであった。この点は『夏の闇』も正確に把握している。

　ここでいう「ライヒスバーン」は、戦前のそれ（「ドイツ帝国鉄道」とも訳される、共和制時代の一九二〇年代からナチス・ドイツ期に存在した「ドイツ・ライヒスバーン」）ではない。ドイツは敗戦後、米ソ英仏の四戦勝国によって分割統治された。そのソ連占領地域における鉄道が、戦前のドイツ国鉄の名を名乗り続けたものである。つまり、一九四九年秋からは東ドイツ（ＤＤＲ）の国鉄である「ドイツ・ライヒスバーン」であった。

　なお、『夏の闇』には『花終る闇』（１９９０）と題された続編があり、今度はさらに一〇年の月日を隔てて、東京で「女」と「私」が再会するように構想されたが、早い晩年にあった開高は、執筆に難渋したらしい。その死により、「闇」三部作の最後の長編は未完に終わっている。この作品の設定も現実とはいささかのズレがあるようで、「女」のモデル・佐々木千世子は、一九七〇年には東京で自動車事故死している。

「経済体制論」ふたたび

さて、ここまで、あまり説明もなく「東独」や「東」「西」、「ベルリンの壁」などと書いてきた。みなさんご存知の、といった具合である。

しかし、本当はそうでもないし、そういうわけにもいかない。

まず、これらは遠い外国の出来事である。もっとも、グローバリゼーションの時代に、日本のことではないから知らなくても結構というわけにはいかないかもしれない。

だがたとえそうであっても、これらは読者の誰でも思いだせる、昨日や今日のできごとではない。市場経済と自由主義に依拠した「資本主義」陣営（西側）と、共産主義社会の実現をめざし計画経済を標榜する「社会主義陣営」（東側）が一九四〇年代後半以来、核戦争という最悪の事態（「熱い戦争」）も想定に入れながら緊張をはらんだ対立を四〇年にわたり続けたのが、「冷戦」であった。その実質的な終結は、一九八九年一一月に誰も予期しない形で突然実現した「ベルリンの壁」崩壊であった。第二次世界大戦の敗戦後、東西両陣営に分断されていたふたつのドイツ国家の統一（一九九〇年）を呼び込んだこの事件ですら、すでに三〇年以上前であり、もはやまちがいなく歴史に属する。「東側」という言葉自体を消滅させた、ソヴィエト連邦の解体（一九九二年）も、その直後であった。

つまり、本書が扱おうとするのは、全て過去の出来事である。比較的近い過去かもしれないが、前世紀半ばにさかのぼることは疑いない。

そうした中途半端な過去を振り返る意味はどこにあるのだろうか。「計画経済」という概念がかつてもっていた精彩を失い、市場経済や「資本主義」が私たちの生きる社会の経済システムとして前提となっている以上、三〇年前の当時と同様の関心を「あちら」と「こちら」、彼我の経済体制の優劣の比較にむけることは、たしかに難しい。

唐突だが、かつて大学の経済学部には「経済体制論」という授業があった。いや、過去形は間違いで、今でもある。だが、東西冷戦が終わった今、看板こそ掛けかわらなくても中身は随分変わっているはずだ。[5] まずは「資本主義体制」と「社会主義体制」の比較をおこなう作業自体が、リアルタイムの実証観察ではなく、ごく思弁的なものにならざるをえない。

理論的、とあえていわないのは、今日の経済学における「理論」は、経済体制という対象をカバーするほど広くないと思われがちだからである。たとえばマクロ経済学がこうした問題を扱ってもよさそうなものだが、高度に発達した専門的なマクロ経済学は、その理論に同じく高度に発達した専門的なミクロ経済学の基盤（「マイクロ・ファウンデーション」）をもっていなければお話にならなくなった。いかなる実証的な面に関心をむけ、果敢に現実にむかって分析を加えるにせよ、マイクロ・ファウンデーションがない論文を研究者は書くわけにはいかない。そして、その論文が学術誌に掲載されるという形でなければ、経済学者は貢献をなかなか評価されない。

そんなことはない、世界的に有名なノーベル経済学賞受賞者の何某といった人たちのいろいろな発言が新聞や雑誌にとりあげられているではないか、という反論もあるかもしれない。だが多くの場合、先生方にはすでに学界的に高く評価された業績があり、それ自体傾聴すべきことも多い「資本主義」論やオルタナティブな体制への展望などは、本業からはかなり距離のあるところで盛んにおこなわれているようでもある。そしてミクロ経済学は、市場経済の存在を議論成立の前提として、高度な数学を用いるめざましい進歩を遂げてきたし、近年、ゲーム理論という強力な武器を得てもそれは変わらないようだ。むしろ、主観的には「合理的」にふるまおうとする個人と個人の間の市場経済的な取引を、原理として内在化する方向に深化しているともいえる。

こうした把握がまちがっていなければ、「市場」を否定する意思をもった経済体制が、関心の対象として再びメジャーになるのは、個々の経済学者の志向にかかわらず、かなり困難だといわざるをえない。現に東ドイツ経済研究の二〇〇〇年代初頭の到達点を代表する著作は、以下のように端的に述べた。

中央計画経済というのは、市場からの様々なシグナルや、はげしい競争からのフィードバックやきびしい消費者、生産量を増やし生産性を上げようとするインセンティブが欠けるところでやっていくという意味である。中央計画には、自壊の傾向がビルトインされているのは疑いないのだが、[6]（略）

しかしながら、今日の「市場」をめぐる議論では、システムの一層の効率性がはかられると同時に、一方ではシステムの問題点の指摘や、その改善のための「社会」的視点の必要もくりかえし唱えられている。これ自体はいろいろな意味で自然なことと思える。

そして、数学がさほどできない私たち――いや、あなたはできるだろうが――には愉快なことではないのかもしれないのだが、やはりこうした問題は、現代の経済学がまず引き受けるべき課題であろう。現実に、環境問題や「格差」問題、その他さまざまな社会的問題について、今日の経済学的思考はときどき悪口を叩かれるほど無関心でも無力でもない。

しかし、現存の経済システムをこえた何ものかにまで思考をおよぼすのは、先に述べたような現代経済学の主流中の主流が、無条件で得意とするところではない。

資本主義、市場経済、自由企業システム……いろいろな言い方がされる現今のシステムは脱却され、代わられるべきなのか、代われるものはあるのか、あるとしたらそれは何か――。こうした議論は必要であり、このいわば「継ぐのは誰か？」[7]（SF作家・小松左京の長編小説の作品名）という疑問は、不真面目に聞こえるのをおそれなければ、社会科学全般において最もエキサイティングな考察となりうるだろう。

だが、これについて、理想や妄想や願望や世界観のレベルをこえた議論をするには、どうしたらいいのだろう。「制度化し形骸化した」（みたいなことが好んで言われる）経済学など、やはり役にたたないのだろうか。

経済学的なものごとを理解する手段は、ひとつではないことをここで指摘しておきたい。理論経済学の枠を乗り越えて社会を論じることができた二〇世紀の経済学者ヨゼフ・シュンペーター（1883－1950）は、未完の遺作となった大著『経済分析の歴史』（1954）の巻頭近くで、経済学のアプローチは「理論、統計、歴史」だと書いた。邦訳新版全三巻を通して読まなくても、ここだけは知っている人が多い有名な個所である。そして、自分がもしもこれら経済学のアプローチのうち、ひとつしか選べないとしたら、もちろん経済史（歴史的アプローチ）を選ぶ、と続ける。

三十代はじめの若き日に、資源と資源をこれまでなかった形で結びつけることを「新結合」と呼んで、既存の均衡を破壊し経済発展をもたらす「革新《イノヴェーション》」という概念を経済学的にはじめて定置した、大経済学者の言葉である。それによれば、経済学の分析対象は、全て本質的には歴史的な現象であるという。また経済学者というのはしばしば誤りを犯すが、それは理論や統計の知識の欠如によるのではなく、多くは歴史的知識が彼に欠けているからだ、というのである。[8] シュンペーターはもちろん卓抜な警句家であり皮肉屋でもあったから、私のような後代の経済史研究者が、この理論家の言葉を金科玉条のように振り回すのには慎重でなければならない。とはいえ、ここで指摘されている歴史というアプローチの有用性には、耳を傾けるべきだろう。

歴史的知識は、せいぜい雑学やアクセサリー的な教養、テレビドラマの元ネタにとどまるものではないというのは、歴史の本などよりも他に楽しいもの、気持ちよくしてくれるものがいくらでも手に入る現代であればこそ、私たちが心にとめておかねばならない。

シュンペーターが言うのは、人間社会を構成するもろもろの（広い意味での）制度が全て、過去のどこかでできあがって今存在するものである以上、その成り立ちについての知識を欠いたままでは、さまざまな問題への対処は現実的に有効なものとはなりえないということだった。経済政策と呼ばれるものは、それが何かの操作にせよ、あるいはシステムそのものの改変撤廃にせよ、それら制度への働きかけを通じてなされざるをえないからだ。未来に向かってなんらかの手を打とうとするとき、過去に対する理解が必要になるのである。

この歴史的感覚（「歴史的経験」とシュンペーターが呼んだもの）は、まず過去の事実を知ることによってしか得られないものだと考えるべきだろう。もちろん、歴史的真実と呼ぶべきものは、単に事実の積み重ねによってのみ現前するわけではない。現代の歴史家イヴァン・ジャブロンカがいうように、歴史の論理こそは歴史の核心なのであって、片々たる現実は、もし論理と無縁であれば、真実と関係がなくなってしまう。

だが、事実を踏まえないで歴史の本質や真実に至れると考えれば、検証や立証や説明や関連づけや比較、批判といった論理的操作の材料を軽視するわけだから、それは実は歴史そのものを軽視するという思い上がりであるに違いない。ならば、いずれシュンペーターの指摘した誤謬は避けがたく、その結果は悲惨であろう。(シュンペーターの時代には「世界大不況」という形で、あるいは二度の世界大戦という形で、経済学を含めた社会科学全体が自身の無力や失敗を痛感させられることになったといえる。そうした危険性はいまや遠いのであれば、まことにめでたいのだが……。)

歴史を学ぶ必要は、私たちが思っているより喫緊の必要に迫られた種類のものなのだ。「継ぐのは誰か?」今の世の中は間違っているかもしれない。間違っていないと誰が自信をもっていえようか。いや、間違っているに決まっている。次に来るべき何ものかを、私たちは真剣に追い求めなければならないという声は強い。本当にそうなのか、という点もふくめて考察することは、次の世代、さらにその次の世代への私たちの義務であろう。

しかし問題は、今日のそうした議論が、「継ぐのは我々だ」と明確に訴えていた体制——経済システムとその時代——があったことを、忘れているかのようにみえる点ではないだろうか。それは、後続の世代の無知ではない。たしかにその時代を経験していたはずの人びとにこそ、その傾向がみられる。未来の理想的な体制の選択の問題を、たとえば一政権や特定の政治家や政党への好悪などに矮小化して論じることがもしあったとしたら、こうした非難は避けられないだろう。

「冷戦」、「東」と「西」、「あちら」と「こちら」といった語は、そうした「体制」間の拮抗という、今から考えれば実に危険きわまる、大げさではなく全人類が命懸けの社会実験をおこなっていた時期のものである。命懸けもなにも、現実に無数の犠牲者を出した。ヴェトナム戦争がその残酷な一例ではないのか。そして例は、アジアだけとっても、このひとつにとどまらない。

ところが、私たちはどうやらその深刻な「社会実験」の結果をよく精査せずに、この三〇年をすごしてしまったのではないかと疑われる。経済システムの選択の問題には、どうやら市場経済の優位で片がついてしまったので、自分たちの言いたいことや理想は、「経済」とは別のところで追い求めたほうが便利だということもあるのかもしれない。経済が全ての社会事象の基底にある決定的な存在だという考えは、そうなると都合のいいものではなかったから、まさか、忘れることにしようとでもいうのだろうか。

だが、まだ見ぬ、未到の、第三の、理想の……何ものかを求めるときに、すでにあった第一や第二の現実に対して、忘れっぽくあってはならないだろう。

文芸の好みの話でしかないのだが、『夏の闇』の背景には進行中のヴェトナム戦争――それはたとえば開高健にとっては『輝ける闇』として作品化された実体験に限られるものだけではなかったはずだ——というものがある。これをもし軽視すれば、なるほどあれは、中年男の独白が延々と続く、欧州を舞台にした実はやや古風な情痴小説にすぎないから、田中氏の書くとおり「俗っぽくてくだらない」ということにもならざるをえないだろうか。せいぜい、日本人には珍しい「ヴェトナム帰り」の精神的外傷を描いた作品のひとつという評価にもなりかねない。だが、そうやって片付けてしまうことには、ひょっとすると記憶や知識の重大な空白や、それを作ってしまう現在の自己の問題がありはしないか。

今日の「システム」をめぐる真剣な議論に危惧する点があるとすれば、「冷戦」期からポスト冷戦期に蓄えられた知的経験やそれに基づく認識を充分踏まえてのものとは、かならずしも言えないところであろう。

かつての「経済体制論」の問題意識は、今日、別の形で継承されなければならないのではないだろうか。「東」（社会主義圏）に集産主義的な体制が現存したという歴史的事実を振り返ることの今日的な意義は、ここにある。

東ドイツと呼ばれた、旧ソ連占領地区が独立して建国されたドイツ民主共和国（DDR）もまた、みずから名乗ったように「現存する社会主義」であった。

そして本書は、鉄道というモノに即することで、今日的な「経済体制論」にほんの少しでも寄与したいと考えている。

戦後ドイツ鉄道史によって、何がわかるのか？

それにしても、なぜドイツの、しかも鉄道なのか。

「短い二〇世紀」という言葉がある。市民革命と工業化、「帝国主義」の時代であった「長い一九世紀」に続く、ひとまとまりの歴史的時間である。ともに歴史家エリック・ホブズボームが提唱し、広く受け入れられている。この概念によれば、「一九世紀」はカレンダー上の一八世紀末から始まり、一九〇一年以降も続いた。「二〇世紀」は、第一次世界大戦勃発によってこの「長い一九世紀」が断ち切られたときにはじまり、一九九一年のソヴィエト連邦崩壊とともに終わったとされるから、その分だけ短い。その前半部は戦争と革命の時代であり、後半部は持続的経済成長の実現とその停滞による不安定、さらに冷戦の決着と社会主義体制の崩壊で特徴づけられる。

「ドイツ国鉄」は、この「短い二〇世紀」におけるドイツ国家に、ほぼぴたりと寄り添う存在であった。第一次世界大戦の終結とともに誕生し、第二次世界大戦までの「破局の時代」を統一ドイツ国家とともに突っ走った。敗戦と分断の運命もドイツ国家と共にし、冷戦体制のなかで二つの「ドイツ国鉄」が並立していた。東西の競合もまたそこにあった。そして、冷戦の本質的な終結を告げる東西ドイツの再統一とともに統合され、同時に「国有鉄道」としての形態を民営化の世界的な大波のなかで喪うのである。

ドイツは「短い二〇世紀」を語るうえで絶対に無視できない存在であろう。そうであるならば、「ドイツ国鉄」もまた、私たちが経験した過去の歴史的時間である「短い二〇世紀」の理解に欠くことはできない、とまずいえるのだ。

そして、東西ドイツ国鉄の経験は、経済システムの異なる体制における同一産業・企業のパフォーマンスを比較する好例である。

旧東ドイツの国鉄「ドイツ・ライヒスバーン（以下「DR」と呼ぶ）」は、西側占領地区に建国された西ドイツ（ドイツ連邦共和国）の国鉄「ドイツ・ブンデスバーン（以下「DB」と呼ぶ）」とは全く異なる道を歩んだ。その違いはいつ、どこで、どのように生じたのであろうか。よくある「社会主義体制下の非効率な国営企業」の代表というだけにとどまらない事実が、西ドイツ国鉄との比較から浮かび上がってくるかもしれない。なぜなら、西側のブンデスバーンも、戦後、成功した経済セクターとはいえなかったからである。その結末が、東西国鉄の再統合と同時の民営化（一九九四年）であった。

二〇二一年現在、ドイツ国鉄の正式名称は「DB　AG」すなわち「株式会社ドイツ鉄道」である。民営化とはいいながら、株式の一〇〇%を連邦政府が所有している国有企業であり、鉄道業についてはほぼ独占企業である。その実態は、ある時点で人びとが期待していたものとは異なる。端的な例として、ダイヤの乱れやサービス向上の伸び悩みが顕著であり、DBへの批判は、ドイツ社会で常態化してしまった感があるようだ。

環境活動家グレタ・トゥーンベリとの小さな諍いが記憶に新しい。「飛行機に乗るのは恥だ」の持論を実行したトゥーンベリ氏がダイヤの乱れにより通路に座らされた写真をＳＮＳに投稿したところ、ＤＢの公式ツィッターがそれに反論して「わが同僚たちが、その後あなたを一等車でもてなしたこともお忘れなく」と書いてしまったことで、「そもそもダイヤの乱れの責任は」「客のプライバシーを暴露するとは何事か」と「炎上」の憂き目にあった。[9]

小さな事件であるが、統一ドイツ鉄道が思い描いていた未来像をなぞっていないことは、こんなことからもわかる。環境負荷が小さいことを最大の売り物にしようとしているドイツ鉄道が、スター環境活動家と大の仲良しだと誇示できないのは、イメージ戦略以上に、実は問題であるかもしれない。非効率な社会主義陣営の経済パフォーマンスを圧倒する資本主義の勝利、などと簡単にいえないことがあきらかだからだ。

なぜそうなっているのか。この疑問はたしかに、戦後東西ドイツの鉄道の歴史から振りかえることに（も）答えを探すべきであろう。ドイツの場合、「東西再統一」という劇的な形で経験した体制転換のもった意味、その成否をあらためて精査することになるからだ。

また、ふたつのドイツ国鉄が、ナチス・ドイツ時代のドイツ国鉄ライヒスバーンの後継者であったことにも注目しなければならない。一九二〇年代にそれまでのドイツ帝国内の地方国家の鉄道を統合して成立、ナチス・ドイツ敗戦とともに崩壊したドイツ国鉄「ドイツ・ライヒスバーン」は、巨大な正負の遺産をのこした。それを受けとったふたつの鉄道経営体が、それぞれのありかたで過ごした「戦後」を比較することは有益であろう。
私たちが過ごしてきた「第二次世界大戦後」の世界、そしてこれから過ごすのかもしれないその後の世界を考えるうえで、日本とその住人という直接の先祖の経験だけでは不足である。つまりは、比較の必要であろう。

これについてはいまさら説明の必要はなく、言い添えるとしたら、比較史はどうであっても翻訳・翻案という作業を経なければならない。外国（海外地域）の歴史をその外国語（地域語）で理解すること自体は素晴らしいし、それをする必要もあるだろう。だが、他者の経験を自分たちの言葉に翻案する、少なからず強引な作業を経て、はじめてわかることがある。逆の場合も、同じである。日本史の本もどんどん翻訳されなければならず、それによってはじめて私たちの理解が深まる部分があるはずだ。

日本とドイツがそれぞれ経験した「ふたつの戦後」を比較して考えようという試みには、瞠目すべき先例[10]が多数ある。私たちもそれに倣おうというのだが、まずは鉄道に対象を絞る試み自体には、分野的な空白部分を埋める意義がある。

また、歴史上に存在した「ふたつのドイツ」を比較し、それを日本語に置き換えて理解しようというのは、はっきりと形にはせずとも、三つの歴史的経験の比較にもなりえるのではないか。三点間比較ができれば、比較史のアプローチにおいて、単なる「あちら」と「こちら」の比較を超えた意味があるだろう。

わざわざ日本語で書いていれば、それだけである種の比較作業をしていることにはなる。途中から日本のことなどは出てこない本書であるが、たとえば「ベルリン」と書いただけでそれは日本語を喋る私たちにとってのベルリンであって、Berlinとはまた違わざるをえない。それがいいことなのかは、わからないところもあるにせよ……。

現代史の距離感

くりかえしになるが、一九八九年のベルリンの壁崩壊、九〇年の東西ドイツ再統一から、すでに三〇年以上が経過した。とはいえ、冷戦期を自分の時代として生きた者にとって、冷静な距離をとってこれを把握し、分析し、叙述することは、依然としてそう容易ではない。現代史の難しさであろう。

本稿の主要な部分を占める対象である旧東独史研究は、かつては、旧東独で学び、あるいは生活した人びとが多くを担ってきた。日本語によるこの方面の学問的業績でも、その傾向が強かったように思われる。そのことのポジティブな意義は計り知れないことを、まず強調しておく。「土地勘」に乏しい歴史学の危うさは、私たちがいやというほど知ってきたことでもある。

だが、「対象に対して心臓が暖かく鼓動すると完全な失敗に終わる」危険があるのは、トーマス・マンの『トニオ・クレーゲル』で主張されるような、詩や小説についてばかりではない。

なにも私は、一九八〇年代半ばの大学図書館でみかけた、当時の東ドイツの現状を肯定的に記した『東ドイツ、いま』[11]や『社会主義のドイツ』[12]といった、時代に深く刻印されすぎた著者の偏りを強く感じる本と同じものが東独史としていまだに内外で書かれているなどと、とんでもない誤解や誹謗をしようというのではない。対象に「距離」をとることの難しさを、程度の差こそあれ、自分のこととして思っているのである。

永遠に喪われた国とその社会に生き、自分の人生の決定的な部分で痛切な経験をしている日本人も決して少なくない。親しい友人の例をあげれば、一九八九年夏、革命下のハンガリーに滞留するルーマニア難民支援の地下集会に、密告者の影を意識しながらも、当時の東ドイツ反体制派の人びとともに参加した留学生がいた。西側の家族への連絡を乞いねがう難民たちに接触した彼女は、自問した。「こうして社会主義独裁下の人びとの将来に関わろうとしている自分はなお傍観者にすぎないのだろうか。それともすでに当事者なのだろうか[13]」。

こうした重い経験はまったくなくとも、一九六〇年代半ば生まれの筆者もまた、冷戦期を少なくともこれまでの人生の最初期の一部としている。ドイツについては、一九九〇年春というぎりぎりの時期にかろうじて「ふたつのドイツ」や、その国境をわたる「ふたつのドイツ国鉄」を経験している。この程度であってさえも、そのためにかえって、これらの対象にむかうときに必要な距離感を保つことは難しいかもしれない。

まずは、純然たる鉄道史の叙述をひととおり全うすることにしたい。多くのドイツ現代史研究[14]や現代ドイツ鉄道史研究の成果がこれを助けてくれるだろう。なにやら先達に対して思わせぶりなことまで書きながら、先行研究に多くを依拠しようというのである。

ただ、それによって制度と構造を枠組みとしておさえつつ、本書では多くの人物を登場させたいと思っている。経済史も鉄道史も、極端にいえば数字だけに押し込めて論じるのは決して不可能ではない。多くの優れたその例[15]を模範に、私自身それに似せた、ある意味で無味乾燥な論文を好んで書いてきた[16]。そしてもちろん、それで「人間が描けていない」というような評言は一度もいただかずに済んできたのである。にもかかわらず、ナチス・ドイツ期以来のドイツの両国鉄で生きてきた多くの鉄道人をとりあげる必要を強く感じているのは、なぜか。鉄道が技術体系の具現化であり、機械と施設の集合であるのと同時に、特異な組織であり、そして組織は単に人的資本の効率的な配置や寄せ集めではないとわかってきたからである。

たとえばヴィリー・クライケマイアー、エルヴィン・クレーマー（ともに東ドイツ国鉄総裁）、たとえばフリッツ・ブッシュ、ライナー・ゴールケ（ともに西ドイツ国鉄総裁）、あるいはフリードリヒ・ヴィッテ（機関車設計技師）、……そのような人名が、それぞれの章に登場する。彼らの人となりについても、できるならば、調べられた限り触れておきたい。伝記的事実についての知識は、それで全部わかった気になるという罠はあるものの、やはり理解への有力な回路である。その人の業績や歴史的位置付けを把握することで、枠組みでしかなかった制度的事実や動態的な変化（発展）への把握も裏打ちされるだろう。

そしてそれは、とりわけ若い世代のためでもある。「ポスト冷戦期」ですら意識することがないという意味で、冷戦を全く経験しない世代との対話の材料は、高度に抽象的な体制論や構造論では（とりあえず）なく、おそらくは「事件」とそれを演じた「人物」だろう。

現代ドイツ鉄道史に、『三国志』や『国盗り物語』のような英雄豪傑の活躍は望めない。先にあげた人物も、そうした突出した偉人ではなかった。だがそれにせよ、彼らの働いた鉄道業とその周囲に、残念ながらある種の悲劇は事欠かなかった。同時に、あるだらしなさや滑稽といってもいい面もあった。多く「過去」との関係において、私たちに考え込ませるに足る人生の後半部分をもつ者も多かった。

それにしてもカタカナの馴染みのない名前が多いが、特異な環境下の特異な事件に登場した、ある典型ないし「あなたに似た人」として覚えてもらえばたしかによい人たちだとは思う。また本書には、先に挙げたような、なんといってもある程度「有名」な人物たちにくわえて、カタカナで名前が表記されるのはこれが初めてであろう、多数の鉄道員が登場する。そうした「無名」の人びともまた、私たちになにごとかを存外に雄弁に語ってくれるだろう。

本書の構成

簡単に本書の構成を述べる。本書はほぼ時系列に沿って、一九四五年から九〇年ごろまで、つまりドイツ敗戦から東西ドイツ再統一までの期間を取り扱う。ただし、敗戦から始めようとすれば、それに先立つ戦争そのものに触れないのは無理である。ナチス・ドイツは、本書で取り扱われるふたつのドイツ国家と鉄道業にかかわる人びとに、長く執拗に濃い影を落としてきた。その点でも三〇年代以前も視野に入れていかなければならない。

第1章は一九四〇年代後半を取り扱う。端的にはナチス・ドイツ崩壊と占領による、「ドイツ国家」不在の時期である。「ゼロ・アワー（零時）」がキーワードとなるが、そのなかで、分裂したかつてのドイツ国鉄はどのような状況にあったのか。

第2章は一九五〇年代という東西ドイツ建国以降の時期のふたつのドイツ国鉄を扱う。東ドイツ国鉄（ライヒスバーン）総裁の謎の失跡事件から、その二年後、最初の大きな躓きを経験する「社会主義国家」とその鉄道の出発点を確認しておきたい。

第3章は一九五〇年代の（西）ベルリンに焦点をあてる。依然として法制上は三カ国の共同軍政統治下にあった「西側のショーウィンドー」には、社会主義国である東ドイツの鉄道が走っていた。本書ですでに登場した、戦後冷戦の落とし子ともいえる西ベルリンSバーンは、これ以降の叙述で狂言回しのような役割を演じるだろう。

第4章は「ベルリンの壁」が建設されて以降の、東西ドイツの六〇年代と七〇年代を両国鉄の展開を通してみる。経済成長のなかで、何かが決定的に変わっていくさまが描かれねばならない。それは、経済史的には、二〇世紀の初頭から延々続いていた戦争と大不況の時代に逸脱してしまった、一九世紀にはじまった定常的な成長経路に全速力で戻っていく――それがゆえの高成長の――過程、あるいは、それに失敗する過程であった。

第5章は、そうした時代の東西ドイツ国鉄に生きる人びとの群像である。そして、一九六〇年代からは「壁」に閉ざされた西ベルリンで東ドイツが運営を続け、西の住民を雇用していた、西ベルリンSバーンという一種の変態統治のもとにある組織に生きる、無名の人びとの肉声を拾い上げてみたい。

第6章で取り扱う時期には、業績の落ち込みと設備近代化挫折というそれぞれの問題に苦しんでいた東西のドイツ国鉄に、やがて突然の転機が襲う。一九八九年、東欧民主革命によって、冷戦下でソ連とその影響下にあった共産党一党独裁体制が東欧各国で崩壊した。西ベルリンSバーンを襲った「事件」は、少なくともそのひそかな前兆であった。にもかかわらず、一見どこよりも体制が強固だった東ドイツではあった。だが、予想もできなかった「ベルリンの壁」崩壊という事態が、突然のようにやってきたのである。

そこからさらに、予想もされないほどのスピードで、ドイツ再統一が達成される。東ドイツの体制はほぼ一瞬で崩壊したといえる。だが、東ドイツ国鉄は、一九九〇年代の統一されたドイツ連邦共和国にその存在をしばらくとどめた。

第1章　占領下のドイツ・ライヒスバーン（1940年代後半）

ドイツ・ライヒの鉄道

一九四五年四月三〇日（月曜日）、首都ベルリン攻防の市街戦のさなか、アドルフ・ヒトラーは総統地下壕内で自殺した。ソ連・赤軍の手によってベルリンは陥落し、ナチス・ドイツはここに敗亡する。

勝者である連合国はヒトラーにより指名された後継者が北ドイツに逃れて組閣したいわゆる「フレンスブルク内閣」をみとめず、カール・デーニッツ海軍大将以下の「閣僚」の大半を逮捕した。ドイツ政府はここにいったん消滅した。かつてのドイツ国の領域は、米英仏ソ四連合国の占領軍による分割統治下に入った。

ドイツ国鉄ことドイツ・ライヒスバーンは、このドイツ国すなわち「ライヒ」の名実ともにといえる崩壊後も、なお生き残っていた。ヒトラー内閣から留任の「交通大臣」に擬されていたライヒスバーン総裁ユリウス・ハインリヒ・ドルプミュラー（1869-1945）が、このときもフレンスブルクでなぜか捕縛を免れ、疎開地の海浜保養地マレンテに無事帰還していたからである。

ちなみに、「ライヒ（Reich）」とは「帝国」としばしば訳されるが、二〇世紀に入ると君主制の有無に関係なく、統一されたドイツ国は「ライヒ」と呼ばれるようになった。一九三三年から四五年までのナチス・ドイツを「第三帝国」と呼ぶ慣わしもあるが、これはDas Dritte Reich（The Third Reich）の訳である。その前に成立した、先進的な「ヴァイマル憲法」で名高い議会制民主主義の「ヴァイマル共和国」も、正式名称は「Deutsches Reich」すなわち「ドイツ国」であった。その背後には、「民族」的に統一された国家（「国民国家」）を一九世紀になっても欠き、主権国家の分裂を悩んだドイツ語圏の歴史がある。

ドイツ・ライヒスバーンは、この「ライヒ」である「ヴァイマル共和国」の国鉄（「ライヒの鉄道 Reichs=bahn」）として誕生したのであった。第一次大戦の敗戦直前に起きた革命（「ドイツ革命」）で、それまでの君主制国家が倒れ、突然のように共和国が生まれた。新しい民主主義的な憲法の起草者フーゴ・プロイスらは、統一ドイツ史上はじめての共和国を安定させるために、中央集権的な国家を志向する。連邦的だったドイツ帝国内の邦=地域国家の大半は君主制であり、社会的・民主的な共和制の実現のカギは強力な中央政府の確立にあるというのが、ドイツ社会民主党（SPD）を中心とする新政府の考えであった。

一九一九年二月、内戦状態にあった首都ベルリンから避難した国会（「国民会議」）が地方都市ヴァイマルで七月までかけて定めた「ヴァイマル憲法」は、その第八九条に、鉄道国有化を謳った。戦時統制経済が強行された第一次世界大戦中ですら、複数の邦有鉄道が分立していたライヒ内の鉄道を統合し、国民国家（Nationalstaat）である「ライヒ」中央政府が所有するという意味で「国有化（Nationalisierung）」しようというのである。紆余曲折の末、一九二〇年四月に邦有鉄道が合併し、「ライヒの鉄道」が誕生した。

このドイツ国鉄が、一九二〇年代前半の混乱しきったドイツ・ライヒが窮地から脱するための最大の手段として活用されることになった。ドイツ革命終結後の内外の混乱の最大の要因といえるのは、ヴェルサイユ条約にもとづく多額の賠償金支払問題であった。戦争責任とともに一方的に押しつけられた途方もない額の賠償金を回避しようとするドイツ政府の態度は、フランス・ベルギー軍のルール地方の占領や破滅的なハイパー・インフレーションを招き、共和国そのものが崩壊の手前まできた。しかし、賠償金問題で苦慮しているのは、取り立てる側も同じであった。アメリカの仲介で、賠償金支払い条件の緩和がはかられ、この「ドーズ案」を受諾したことで、一九六四年には国家予算二〇年分ともいわれる一三二〇億金マルク（Goldmark）が完済できる見通しがつけられた。[1]

現実の「一九六四年」の世界がどのようなものになったのか、このときに想像できた者はひとりもいなかった。

ドイツ国鉄は、この「ドーズ案」による支払いの柱であった。官庁組織から改組されて、連合国の代理人が半数を占める監理会が統治する特殊会社となる。ドイツ・ライヒスバーン会社（DRG）は債権者たる連合国の代理人に引き渡す賠償債券を発行した。つまり、ライヒスバーンの収益が賠償金支払いにあてられた。資本金一七〇億ライヒスマルク、従業員数はこの時点で七〇万人をこえ、十数億ライヒスマルクを毎年発注するドイツ最大の企業であった。[2]

国鉄総裁の死

ドルプミュラーは、この特殊会社としてのドイツ国鉄時代の直前にドーズ委員会の準備作業への参加で国際派の鉄道人として頭角をあらわした。清朝末期から中国で鉄道建設にたずさわり、元・プロイセン王国邦有鉄道の官吏としては例外的に豊富な国際経験と英語力をもっていたのを見込まれたのである。その後、技官としては異例の抜擢であるルール地方の鉄道局長官を短期間経て、DRG本社副総裁、ついで総裁の地位にのぼりつめた。共和国の崩壊もくぐりぬけ、ナチ時代にも、ライヒスバーンの顔として最後までトップの座に君臨していたのである。

ナチス・ドイツは政治的に問題のないドルプミュラー国鉄総裁を交通大臣にまでし、一九三七年、ドイツ国鉄を特殊会社DRGから国家官庁機構に戻した。だが、新時代の交通機関として自動車と航空機に注目していたヒトラーとナチ政府は、鉄道業にはあまり大きな興味を示さなかった。

当時の新交通機関である自動車も航空機も、ナチス・ドイツの進める軍備増強に直接的にマッチしていたが、鉄道はそうでもなかった。「電撃戦」という概念や言葉がまだあったわけではないが、短期決戦を可能とするはずの機甲部隊整備の重要性はあきらかであった。一九三六年には、戦争準備に本格的に傾斜した「第二次四カ年計画」が始動し、重要産業・部門への資源配分がおこなわれたが、鉄道業は再三の設備投資を訴えたにもかかわらず、決して優先されなかった。第一次大戦時の惨憺たる補給輸送困難は避けねばならないという意識は、当然関係者にあった。だが、それは国防軍の一部がその必要に気づいていた鉄道車輌・設備の増強にはつながらず、長期補給の成否に死命をかける「鉄道の戦争」を二度とはおこなうまいという戦略・戦術上の決定をむしろもたらしたのかもしれない。

また、第二次世界大戦がはじまると、東部占領地における鉄道運営の主体は、ライヒスバーンとは機構上独立（ポーランド総督府に直轄）した東部（東方）鉄道にゆだねられた。国防軍もライヒスバーンとは別個に戦場における鉄道運営組織を作り、貴重な人的資源を国鉄から奪い取ることになる。鉄道業は、行政管理の一元性を欠いたまま、独ソ戦という決定的な局面に入ってしまった。

この結果、ソ連領内の戦場では、緒戦の大勝のほぼ直後に、鉄道による兵站・補給に大きな障害が起きた。準備不足は深刻であった。機関車も凍結する厳寒のなかでの懸命の運行維持とともに、不足する車輌の増産がはかられたが、それがようやく軌道に乗ったところで、ライヒスバーンには大掛かりな粛清人事の鉈がふるわれた。軍需大臣に就任した「ヒトラーお気に入りの建築家」アルベルト・シュペーアはナチ党員だった交通省次官をはじめ、ライヒスバーン首脳陣を軒並み更迭し、若手に入れ替えた。新次官に抜擢された三〇代の技官アルベルト・ガンツェンミュラーも、古参ナチ党員であった。

ガンツェンミュラーは、「ユダヤ人問題の最終的解決」すなわち絶滅収容所への大量移送を進める親衛隊長官ヒムラーに同調、鉄道によるユダヤ人移送「デポルタツィオーン」の業務を進めていく。ドルプミュラーら他の国鉄上層部は、これには関知しないという態度を貫いた。つまり、止めることも消極的に抵抗することもなく、戦時輸送と戦災への対処に追われるライヒスバーンにとってはごく小さな規模の業務を傍観していた。これ以前にも、東部の惨憺たる戦場で、住民の無差別的な大量虐殺は常態化し、鉄道はそれにかかわっていたが、とくに社内での言及はなかった。「デポルタツィオーン」によっておよそ三〇〇万人、「ホロコースト(ショアー)」犠牲者のおよそ半分が鉄道による輸送をうけた。

この間、ドルプミュラー交通相は大腸癌をわずらい、次第に一線から退いていった。だが、彼が最後までドイツ鉄道業の顔であったことは変わりない。ドイツ人が「空のテロル」と呼んで憎み恐れた空爆が恒常化する時期には、窓を板で塞いで空爆対策をほどこした客車で新聞を広げる、通勤姿の宣材写真のモデルになった。

この空爆によって鉄道網が寸断されたこと、とりわけ、最大のエネルギー供給源であったルール地方が孤立したことで、ドイツの戦争遂行能力は失われた。首都ベルリンのライヒスバーン本社は地方の鉄道管区を次々と喪失した。ドイツ国鉄の路線はずたずたに寸断されている。ベルリン市街戦が迫る中で最後のライヒスバーン理事会がおこなわれ、ヒトラー自殺の九日前、ドルプミュラーたち首脳陣は北ドイツ・マレンテにむかって脱出したのであった。

そのドルプミュラーも、一九四五年七月五日、大腸癌の三度目の手術ののち、急死した。その直前に、一時軟禁状態で取り調べをうけたパリ郊外の連合国軍の施設から帰還したばかりであった。取り調べ先では国際的に著名な鉄道人として丁重にあつかわれ、西側占領区の鉄道業再建の任務まで内々に与えられたかに思えた。手術はそれに備えてのつもりだったようだが、術後、栄養補給がうまくいかず、急激な衰弱に襲われたのである。

総裁の死とともに、一九二〇年代に成立した「ドイツ・ライヒの鉄道」であるドイツ・ライヒスバーンの四分の一世紀の歴史も終わった。[3]

ゼロ・アワーのライヒスバーン

だが、「ライヒスバーン」の名と、そこに働いていた人びとは、分割された占領下のドイツに生き続けた。

ゼロ・アワー（「零時」）という言葉がある。ドイツ語ではシュトゥンデ・ヌル（Stunde Null）。六年にわたる戦争がもたらした莫大な損害と、残された廃墟に等しい空間、そしてそこに生じた社会の物心両面にわたる空白を示す。とくに空爆や地上戦による戦災が甚だしかった都市部の住民にとって、文明以前の状態に戻った、政府・国家はおろか生活にかかわる全てがなにもかも喪われた、ゼロになった、というのは実感であっただろう。

たしかにドイツの戦災は甚大であった。旧ライヒ内での戦死・行方不明者は三七六万〜四二〇万人と、これだけで第一次世界大戦の全死者数の倍を超えた。そして一次大戦とちがい、国内に大規模な攻撃をうけたため、一八〇万〜二百数十万人といわれる一般住民の死傷者を出した。空爆による被害とともに、当時のライヒ東部（東部ドイツ）から引き揚げを余儀なくされた住民一千数百万人のうち百数十万超が犠牲となった。

戦争末期、一九四五年二月のドレスデン空襲だけで少なくとも二万人が死んだ。都市部は甚だしい破壊をこうむり、空爆の集中した西部ドイツ・ルール地方やハンブルク、ブレーメンなどの港湾都市においては都市部の六〇〜七〇%の住居が灰燼に帰している。ドイツ全体で二割の家屋が消滅し、七五〇万人が家を喪った。[4]

巨大な廃墟が出現し、家を喪った人びとはまず飢餓に苦しんだ。敗戦前に食料配給の栄養水準は急落していたが、その後、西側連合国軍の占領下にあった地域でも、配給のカロリー量は生存水準をはるかに下回っていた。化学肥料の不足から農業生産の回復が遅れたことが、食糧危機を深めた。欠乏のなかかろうじて闇市にすがり、飢えと住居不足に苦しむ人びとを、その年の記録的な酷寒が襲う。石炭燃料は届かず、人びとは公園の木を公然と盗伐して薪にしなければならなかった。

しかし、こうした都市を中心とする国民生活の破綻の一方で、工業部門における戦災は限られたものであり、その意味でドイツ経済を支えてきた工業力は「ゼロ」になってはいなかったのである。くりかえされた戦略爆撃は、ドイツの工業にたしかに痛打を与え、戦時計画経済を窒息させた。大戦末期の一九四四年末には工業生産は急速に低下し、四五年三月には何より優先された兵器生産すら、前年夏の四割程度の水準となる。このころには石炭供給量は平常の四%、鉄鋼生産量は一五%、貨物輸送量も一五%に激減していた。

だが、生産設備そのものは、当時の強い印象ほど甚大な被害を受けていたわけではなかった。「ドイツ工業の戦争被害は、はじめは過大に評価され、時とともにこれが次々に引き下げられた」（H・ワリック）といわれる。ドイツ側の研究機関DIW（ドイツ経済研究所）は戦後すぐに、残存設備は六割程度にすぎないという調査結果を出したが、連合国の「戦略爆撃調査団」の結論は、個々の産業や地域によって差はあるものの、工業設備全体の損耗率は二割程度というものであった。

今日の研究では、敗戦時、個々の生産設備、プラントは、戦前（一九三九年）水準を二割程度上回る規模にあったと推算する。空爆は苛烈であったが、懸命の隠蔽策や疎開、被害直後の迅速な補修によって、戦時中に強行された生産力増強の成果は維持されたまま敗戦を迎えた[5]。

生産の落ち込みは、エネルギー資源や原料、プラント間の財の移動といった物流が崩壊していたためであった。空爆は、ドイツの輸送部門を生産設備以上に徹底的に破壊したのである。

鉄道は空爆の主要な対象として重視された。綿密な計画のもとに、操車場はじめ路線設備や車輛が空からのたえまない攻撃をうける。ドイツ経済は、東西方向に伸びた鉄道の幹線が、最大のエネルギー資源である西部ドイツの石炭を各地域の工場に送りこむことによって存立していた。一九四四年後半以降、連合国はこの経済の動脈を断ったのである。

鉄道の被害はすさまじかった。正確な数字は残されていないが、米英仏が占領したいわゆる西側占領区では四二〇〇キロにわたる線路、一万七〇〇〇の転轍機、五四〇〇の信号機、一八〇〇の信号扱い所がなんらかの損傷をうけ、鉄道橋の一三%が落ちていた。機関車の三五%、貨車の二五%、客車の六〇%が使い物にならなかった。東部ドイツ・ソ連占領地区の損壊は、線路三一〇〇キロ、転轍機二八〇〇、信号機二六〇〇、信号扱い所一八〇〇であり、鉄道橋の損壊は一五%に及んだ。機関車の五六%、貨車の二〇%、客車の六〇%が損壊していた[6]。大都市を中心とする主だった鉄道網の結節点は破壊され、鉄道管区間の連絡も途絶え、各地域が孤立状態に陥った。運輸の崩壊は当然だったのである。

戦前の路線規模からこうした数値を比較すると、東部ドイツにおいて鉄道の被害はより程度が激しかったようである。

敗戦の時期、すでにドイツ国鉄（ドイツ・ライヒスバーン）は、戦災および国防軍の戦線撤退時の自発的設備破壊によって、多くの路線を損傷していた。独ソ戦での敗退時、しんがりの部隊は鉄道で退却するさい、車輌の最後部に「鉄道鍬」と呼ばれる装置をとりつけた。列車の進行に応じて、自動的に線路や枕木が壊れていくことで、敵の追走や利用を防ごうというのであった。もちろんライヒ本土に侵入する赤軍との戦闘でも、多くの鉄道設備が破壊された。

デモンタージュ

しかし、ソ連・赤軍占領下のライヒスバーンの損害推定値が、西側占領区のそれをあきらかに上回った理由は、こうした戦時の損害だけではなかった。

現物賠償の目的でおこなわれる生産設備や人員の強制的な接収を、「デモンタージュ（Demontage、解体、撤去、取り外しの意）」と呼ぶ。戦後ドイツ処理策の基本は戦時中である一九四四年一月のテヘラン会談以来、当初、ドイツに対する懲罰と戦争遂行能力の徹底的排除、そのための経済力回復の抑止で連合国が一致していた。米英ソの首脳がベルリン近郊の城館に一堂に会した四五年八月のポツダム会談でもそれは再確認されたから、ドイツにおける連合国のデモンタージュは正当化され、西側も東側もそれをおこなった。四五年末まではデモンタージュすべき主だった工場設備のリストアップが完了し、実行に移されたが、それは英米仏の占領地区だけで四一五の工場に及んだ。

しかし、ナチス・ドイツの侵略による甚大な被害を埋め合わせる意図が、ソ連に最も強くあったのは自然なことだったといえよう。アメリカなどもこれを是認していた。一九四六年春くらいまでは、西側占領地区のブレーメン港その他からソ連に工場設備を引き渡すのにも熱心に協力した。だがそのアメリカの一要人が、すでにポツダム会談の時点でわざわざ本国に報告しているほど、ソ連の徹底的なデモンタージュは目をひくものだった。[7]

赤軍占領地におけるライヒスバーンへのデモンタージュは、ベルリン陥落（一九四五年五月）より前にはじまっていた。戦後もそれは継続し、むしろ加速した。終戦までに占領地においてソ連当局は二六〇〇キロメートル相当の線路を接収していたが、四五年内に約三六〇〇キロメートルのデモンタージュをおこなった。この結果、シュヴェリーン、シュテティンなどの北部ドイツでは鉄路が事実上消滅している。ソ連のデモンタージュはときにはさほど計画的ではなく、現場の判断に任されることが頻繁にあったようである。光学メーカーであるカール・ツァイス社の工場から精密機械をむき出しでトラックの荷台に積み上げて運び去ったりもしたが、これにくらべて鉄道線路は解体しやすく、持ち運びに気をつかう必要がないため、好んで持ち去られたらしい。

この鉄道に対するデモンタージュの第二波は翌四六年三月にはじまり、中部ドイツ・ドレスデン、エアフルト鉄道管区などを対象に年末までに約二二〇〇キロメートルの線路を接収した。

図表1-1　占領下ドイツの主要路線と東西分断

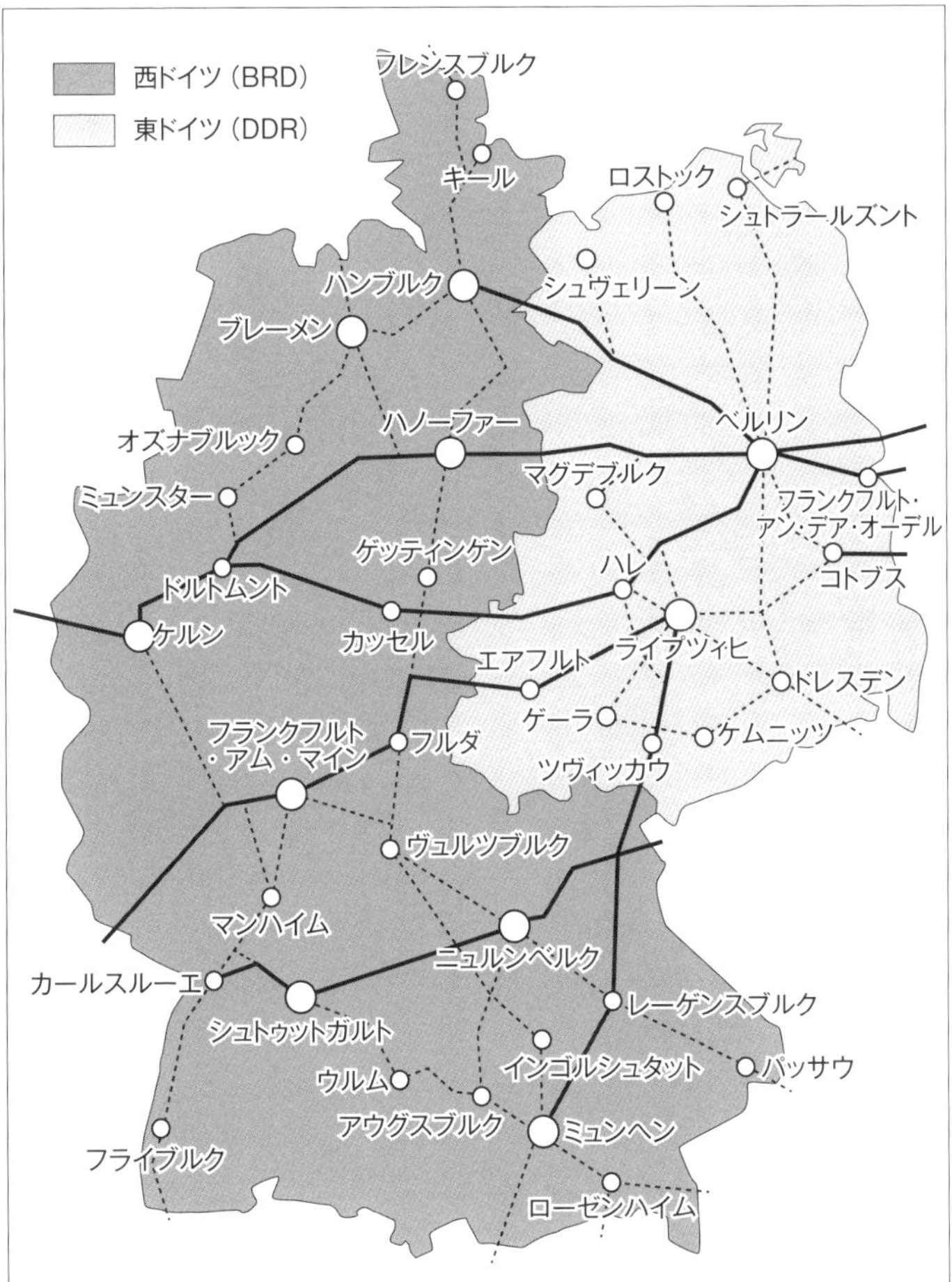

デモンタージュ第三波は一九四八年三月にはじまり、このとき約一二〇〇キロメートルが接収された。四五年初頭から四八年三月までに線路は七〇〇〇〜七六五〇キロメートルがデモンタージュをうけたとされたが、この他に路線設備（発電施設、電話・電信設備など）の大規模な撤去が進められた。線路の喪失は、とりわけ戦前の複線・複々線路線の復旧に大きな影響を与えた。少なからぬ戦前の複線が、五〇年代には単線になってしまった。またこのときの電化関連施設の喪失は、その後の鉄道の電化を長く阻害する要因となったとされる。

当時、東部ドイツのシュトルコーという小さな町に住む少年の回想がある（この少年、ディートリッヒ・ガルスカの名前には本書でもう一度出会うことになるだろう）。

> 私たちは貨車が東の方へ走る様を見た。走る貨車がレールの継ぎ目を鈍く打ち鳴らすのを聞いた。その貨車は満杯だった。貨車が東からやってくる姿もみた。車輪がガタガタと軽い音を立てて通り過ぎる音が聞こえた。帰ってきた貨車は空っぽになっていた。「搾取」と大人たちが言った。小学校の先生は何も言わなかった。[8]

デモンタージュが東ドイツ鉄道業のその後の展開にどの程度のマイナスの影響を与えたのかは議論がある。東ドイツの鉄道業（東ドイツ・ライヒスバーン）の停滞に決定的な損失をもたらしたかどうかには経済史的な議論が二〇世紀の終わりごろにあった。その結果、鉄道業の再建出発点におけるデモンタージュの甚大な影響を評価する一方、被害の継続性については、その後の共産党——社会主義統一党（KPD－SED）一党独裁体制のもとでそれを埋め合わせることができなかった点を問題とすべきだ、ともされている。[9] この指摘は、本書の行論の問題関心にも沿うものだろう。

東部ドイツ人の移送

鉄道にまつわるこの時期の巨大な規模での破壊について、もうひとつ、ここで短く触れておかなければならない。敗戦期のライヒ東部の住民、すなわち東部ドイツ人の追放である。これは大量のドイツ人を死や破滅に追い込んだ残虐行為であったが、同時に、ひとつの社会を完全に破壊したといえる。

ナチス・ドイツ成立などよりはるか以前から、歴史的な「ドイツ」の東部やその国境以東には、ドイツ系住民がコミュニティを築いていた。これらのドイツ系住民の強制的な放逐は、連合国の戦後処理の話し合いで比較的スムーズに決定されていた。

第一次大戦以前のドイツ帝国やハプスブルク帝国の領内を含む、スラブ系住民が多数を占める中東欧からロシアの一部地域に、初期近代以前から住んでいたドイツ系住民は、一千数百万人におよぶ。この存在が、ナチス・ドイツによる侵略のひとつの梃子に使われたことも、また否定はできない。

独ソ戦でドイツの敗北があきらかになると、赤軍の報復をおそれたドイツ系住民の多数が脱出していた。だが、なおも故郷にとどまるか、あるいは故郷での生活の回復を信じて終戦後避難から帰還さえした一二〇〇万の人びとが、新しい東部国境のかなたに残存していた。これらの人びとを、ポーランド、ソ連、ルーマニア、ユーゴスラヴィア、ハンガリー、チェコスロヴァキアは国家の異物として放逐すべき者たちとみなした。

ソ連と東欧国家は、東部国境の正式の確定を待たずに、追放を急いだ。すでに戦争末期からはじまっていた、ドイツ系住民への新しい支配的民族たる住民による、自発的な襲撃と暴力的な追い立てに連続する形であった。かつて外国人労働者として、あるいは戦時捕虜として強制的な労働に従事させられていた人びとは解放されたが、彼らのドイツ人への怒りはとめどがない。報復者たちは、難民の急激な流入を避けたい西側連合国の意思には応じず、ドイツ人コミュニティの破壊は加速された。

町や村からの追立ては直前の予告だけではじまり、国境にむけての徒歩での強行軍を余儀なくされる移動は、略奪や暴行、強制的な労働への駆り立てを必ず伴った。新東部国境を越えてソ連占領区に入るのも次第に簡単ではなくなり、難民たちは国境近辺で畜群が引き回されるようにさまようか、強制労働に使役されるために押しとどめられた。

輸送機関の確保は遅れ、一九四五年末ごろからようやく列車による輸送が当局によって手配されるようになった。だが、それはポーランド政府がそれなりに真剣に考慮した、米英のもとめた「秩序のある、人道的な」ものにはならなかった。

東部ドイツからの避難民は、無蓋の家畜車か貨車にすし詰めにされ、外部から鍵をかけて閉じ込められた。酷寒のなか、じゅうぶんな水や食料を与えられず、衛生的に最低の状態で予定を大きく上回る数週間の時間をすごした車内では、死者や発狂者が出た。さらにここでも、国境を越えるまでしばしば略奪と暴行の標的にされた。[10]

連合国の観察者が連想するものはひとつである。「世界を震撼させた他の最近の大量輸送」。すなわち、ナチス・ドイツの国鉄・ライヒスバーンがユダヤ人をはじめとする人びとを東部の絶滅収容所に送り込んだ「死への特別列車」であった。

ドルプミュラー総裁のライヒスバーンは、一九四一年以来、「ユダヤ人問題の最終的解決」の一環として、ライヒやポーランドはじめ欧州大陸全土からユダヤ人を東欧の絶滅収容所に移送した。それはライヒ交通省に直属する官僚機構ライヒスバーンがナチ国家中枢たる親衛隊(SS)の国家保安部から受注した、特別列車運行の業務であった。外から施錠され、明かり取りの小窓に鉄条網を巻いた貨車に、文字通り立錐の余地もないほどに詰め込まれたユダヤ人やシンティ・ロマ(「ジプシー」と呼ばれた少数民族)は、なお「乗客」と呼称され、三等車乗客としての人数分の運賃が国家保安部に対して請求された。SSはもちろん、その費用を各地に残存したユダヤ人コミュニティに回している。業務としての「ユダヤ人移送(Jundendeportation)」

は、戦時輸送に追われるライヒスバーンにとっては取るに足らないものであった。SS長官ハインリヒ・ヒムラーが執心したこの事業を通じて、さらなる栄達をはかったらしい当時のガンツェンミュラー交通省次官以外には、ライヒスバーン高官で直接この業務に手を触れていると意識した者はいなかったようである。ドルプミュラー総裁もそのひとりであり、死の直前の彼の短い戦後、「死の列車」運行について触れたのは、「君は知っていたかね？　私は知らなかった」という、ただ一言であった。ユダヤ人移送の対象となったのは、虐殺の全犠牲者の半数、およそ三〇〇万人に及んだとされる。[11]

規模ではこの四倍近くになる人びとが、占領下の旧ライヒに強制的に「帰還」させられた。もちろん、彼らは絶滅収容所で虐殺される目的で列車に詰め込まれたわけではない。むき出しの悪意と暴力にさらされた過酷な移送という両者の類似性は、最後のこの点でほころびるだろう。

だが、流入の結果としてソ連占領区を通過、英米占領区の人口を二割押し上げた東部ドイツ人は、故郷の剝奪と少なくとも五〇万人を超える死者を出した「死の行進」の逃避行を決して忘れることがない。消しがたい心の傷は、戦後西ドイツ社会への容易な同化を許さなかった。一方、ソ連占領区は四〇〇万人を受け入れたが、追放と逃亡の実態はタブーとされた。彼ら難民は単に「移住者」と呼ばれることになる。ソ連とその衛星国が主導した追放劇の実態を、のちの東ドイツ国民の四分の一にもあたる難民たちは決して大っぴらに語ってはならなかったのである。[12]

付け加えると、敗戦のドイツから多くは東欧、ソ連にむけて帰国する外国人にもまた、長い苦難にみちた行路が待ち受けていた。かつてナチス・ドイツは、大戦期を通じてのべ一千数百万人、最終的には労働人口の少なくとも四分の一ないしは四割超にあたる八〇〇万人もの外国人労働者をライヒ本国に抱え込み、過酷な労働にあたらせていた。そのなかには膨大な数の戦時捕虜が含まれた。前述のとおり、連合軍がドイツに進攻してくると、報復心に燃える彼らのなかには暴発し、ドイツ人警官が逃亡した街で暴行と略奪をほしいままにした者も多い。だが、ソ連などへの帰国者を待ち受けていたのは、故国の体制による猜疑の目だった。ドイツで生き残った捕虜を含む「東方労働者」の多くは、帰国先で収容所送りや追放という過酷な処遇にあうことになった。[13]

ライヒスバーンの分断

ナチス・ドイツを滅ぼした直後、連合国の占領軍は、列車運行を直接コントロールし、もちろん自軍関連の輸送を最優先していた。また、ライヒスバーンから接収した以外の、自国製の機関車や列車をしばしば占領軍自ら運行した。

こうした直接管理は、ドイツ人鉄道員が圧倒的多数を占める現場ではただちに支障をきたした。一九四五年七、八月以降、占領軍司令部の直接管理はゆるめられ、直接統治にこだわるフランス占領地域以外では、各国占領区内のドイツ・ライヒスバーン鉄道管理局の残存組織に運行がゆだねられていく。一方で九月二五日、連合国管理理事会は「布告第二号」として、「ドイツの各機関は全ての内陸交通を連合国の代理人に無制限に使用させる」と明言したものの、すでにこのときには、困難の多い鉄道の直接管理を最終的に断念していた。

当初の米英ソによるライヒスバーンに代わる新しい中央管理組織の構想は、フランスの反対によって潰えていた。このため、それぞれの占領区でライヒスバーンの鉄道管区・管理局をもとにした管理体を設置し、軍政がこれを監督する形をとることになった。

一九四五年七月一九日、米軍占領地区ではフランクフルト・アム・マインに「合衆国ゾーン上級監督局（OBL US Zone）」が設置された。英軍占領地区では八月二〇日、西部ドイツの工業都市ビーレフェルトに「ライヒスバーン総管理局（Reichsbahn Generaldirektion）」が置かれた。九月一日にはソ連占領区において、ソ連軍政（SMAD）第八号命令により、名目的に「ドイツの鉄道運行業務は「ドイツの鉄道人（Deutsche Eisenbahner）」に委任され、ベルリンに「ライヒスバーン事務総局（Hauptverwaltung der Reichsbahn）」が成立した。これらではたしかにドイツ人が実際運営にあたっていたが、この点で連合国のなかで独自の立場をとったのがフランス占領地区である。「南西ドイツ運営統合体」やザールラントでは直接統治をおこない、フランス人職員を配備して運行業務にあたらせた。[14] また、フランス占領区のみは四六年に「ライヒスバーン」の呼称を禁止し、時刻表からもその名を削った。[15]

ドイツの鉄道は四つに分割された形で、一九四五年の惨憺たる厳寒の冬を迎えることになった。占領区の分割は、あきらかに復興の妨げとなった。占領区の分割はゾーン間の「交易」を妨げ、貿易管理の徹底による物流の停滞は物資の欠乏を悪化させた。翌四六年から四七年にかけては再び厳寒が襲い、路線凍結と機関車・車輌の不足による交通破綻が生じた。鉄道が六割を運んでいた石炭の輸送が停滞し、工業生産と人びとの生活に痛撃をあたえた。鉄道の復興に必要な機関車、車輌、資材を供給すべき工業生産力はまだ回復していない。

そして、米ソの対立はすでに表面化していた。一九四六年春以降、パリで開かれた四カ国外相会談での東西対立の表面化をきっかけに、米国の厳しい対独姿勢には変化が生じている。冷戦のはじまりとともに、一九四六年中には米英占領区で「統合経済地区」の形での統合の合意がなされた。四七年一月、正式にこれが成立する。鉄道管理もまた、この統合経済地区のなかでは統一にむかう。とはいえ、フランスは相変わらず統合に理解を示さない。しかし何より、東西占領地域の心理的距離は広がるばかりであった。

分割された占領区の旧ライヒスバーン関係者は、ライヒスバーン分裂の固定をおそれていたが、その不安は的中しつつあった。

第2章

ライヒスバーンの東西分断

——西ドイツ・ブンデスバーンと東ドイツ・ライヒスバーンの誕生（1940年代末～50年代）

冷戦、復興、ドイツ問題

第二次大戦後の二年間、欧州の復興は進まなかった。連合国、とくに米ソの間で、欧州復興そのものについての考えの根本的な違いが表面化しながらも、経済的な枠組みは、ドイツに対する当初の懲罰的・復興抑制的な性格を脱していなかったためである。

ドル条項と呼ばれる、西欧諸国は占領地ドイツからの購入にも米ドルで支払わなければならないという条件が、欧州復興を阻み続けていた。都市部を中心に破壊された欧州各国の復興には、建材や機械類をはじめとする資本財が不可欠であった。ところが、大戦前の欧州大陸最大の資本財供給国であったドイツは戦犯国家として瓦礫の山と化し、生産活動が停滞したまま占領の締めつけの下、「ドル圏国」となってしまった。このとき必要な資本財を供給できるのはアメリカ合衆国しかない。しかしアメリカから資本財の購入をおこなうのに不可欠の米ドルを外貨としてじゅうぶん持っている国など、どこにもないのである。[1]

ここから、戦後のドイツをとりまく欧州諸国の態度は、足並みが乱れだした。中欧のドイツ語圏地域に潜在的に危険な存在である統一的な大国「ドイツ」を復活させてよいのかどうかは、欧州諸国にとって、一九世紀以来の長い課題であった。近代史上初の統一ドイツ国家であるドイツ帝国の存立は、英国が大陸外交上それを認めたからこそ可能だった。第一次大戦後、ヴェルサイユ体制は、共和制ドイツとオーストリアの合邦という両国の希望を封殺し、ドイツ語圏の民族国家成立を許さなかった。ポスト・ナチス、敗戦・占領下の「ドイツ」の今後の処遇をいかにすべきかというのが、二〇世紀半ばに再び浮上した「ドイツ問題」である。

戦勝国の一角に滑りこんだフランスは、一九世紀以来、ふたつの大戦を経て一種の固定観念になった、ドイツ封じ込めの最後の機会を逃すつもりはない。これも第一次大戦以前からの国家的課題である、アメリカ並みの「経済近代化」を、この際、当のアメリカの対独懲罰の姿勢に便乗して実現するつもりであった。ドイツのものだったルール地方やザールラントの鉱物資源を手に入れ、アメリカの援助を得て、ドイツにとって代わる欧州大陸の重工業国になるのが、新しいフランスのリーダーたちの希望であった。外交的には英国と結び、欧州諸国でドイツを封じ込める形を作りたい。

だが、ベルギーやオランダなどの目指すところは違った。第一次大戦以来ドイツの侵略に苦しんだこれらの国がドイツを警戒していないわけではない。だが、欧州内に資本財供給国を一刻も早く取り戻さなければ、加工貿易で食べてきたこれらの国の経済再建はおぼつかない。フランスがかつてのドイツ並みに資本財供給の役割を果たしてくれるようになるのを、待つわけにはいかなかった。

そして、伝統的に「ヨーロッパ」とは大陸諸国家のことだと思いつづけ、ドーバーや北海の向かい岸との適切な距離を測るのを常態としたイギリスはといえば、フランスの欧州政策の尻馬に乗ってやる気もない。長いナチス・ドイツとの戦いで消耗しているイギリスは、ドイツ占領の負担があまりに過剰になるのを避けねばならず、占領地が自力で復興してくれればむしろ望ましい。戦争直後の労働党政権の成立による社会主義的な福祉国家構想の実現や、海外植民地帝国の維持といった錯綜した課題を抱える以上、世界戦略をめぐっては、アメリカの意思の忖度も欠かせない。

そのアメリカの意思は、一九四六年二月のモスクワ大使館勤務のジョージ・ケナンがソ連体制を分析した「長文電報」が政府に影響をあたえて以降、急速に固まっていった。互いの利害が複雑にからみあった欧州諸国とは異なり、冷戦に入るアメリカの「ドイツ問題」のとらえ方は、むしろ前の時期よりシンプルになった。一九四七年三月、ハリー・トルーマン大統領は「トルーマン・ドクトリン」を出し、ギリシア、トルコへの共産主義化の拡張を食い止めるためのソ連「封じ込め」を開始した。

この春のモスクワ外相会議は決裂し、連合国のドイツ占領政策の統一性は喪われる。反共の防波堤としての西部ドイツ占領地区の必要はあきらかであった。六月、ケナンの上司である国務長官マーシャルが欧州規模の多額の支援計画を発表した。この「マーシャル・プラン」こと欧州復興計画（ERP：European Recovery Program）は、ドイツの復興を欧州復興のために不可分であると位置づけていた。七月、米英は前年三月に決定していた「西部ドイツの工業力の復興の上限は戦前の七五％」の取り決めを廃止する。

「マーシャル・プラン」が提示する膨大な額の寛大な（貸与以上に贈与を中心とする）援助は、欧州諸国の懸案であるドル条項、すなわちドル不足の問題の直接解決につながるものであった。

当然これを受け入れたいフランスは、対独警戒姿勢とのあいだでジレンマを抱えこむことになる。マーシャルプランを受け入れるためにフランス、英国等の国々は、アメリカの要求で、一六カ国の経済協力をはかる欧州経済協力委員会（CEEC：Committee for European Economic Cooperation）を結成したが、このCEECが作成する復興援助の具体的なプランには、西部ドイツの米英占領区も加えられることになった。[2]

さて、ここまで「フランス」は、「英国」は、「アメリカ」は、と一国を擬人化して書いてきたが、これはもちろん正確さを欠く。これらの国々には政府内部ですら完全に意思統一があるわけではなく、一個の人格としてその決定や行動を論じるのは、単に説明の簡便化のためにすぎない。アメリカにしたところで、対独政策の当初の懲罰・報復的な「ハード・ピース」から復興促進の「ソフト・ピース」への路線変化には、少なくともローズベルトからトルーマンへの政権の移譲、財務省から国務省・陸軍省への主導権の移動、さらに細かい省間・省内の意見対立など、現実の姿をもつ人物たちの浮き沈みがあった。フランスにおいて、アメリカの対独姿勢緩和に反発し、ジレンマからの脱出をはかったリーダーたちの名前をひとつあげるとすれば、経済近代化計画の主導者ジャン・モネ（1888-1979）になろう。モネの名は、しかし、ドイツにとって代わる重工業国をめざす「モネ・プラン」以上に、ヨーロッパ統合に強く結びつけて記憶される。欧州統合の父たちの一人としてである。

この後、一九五〇年以降に本格的に始動することになる欧州統合を、国民国家のヨーロッパ的救済という概念によって把握する見方が有力である。戦後欧州の国民国家は、大戦によって国民である市民・労働者の信任を喪い、空中分解の危機に瀕していた。そこで、国家主権の部分的放棄も辞さない欧州統合という方向に踏み切ることによってのみ、経済の安定と福祉国家を実現し、国民の忠誠と政治主体としての権威を回復できたとするのが、経済史家アラン・ミルウォードのテーゼである。逆にいえば、欧州統合の理想は、国民国家が自分の救済に役立つと判断できたときのみ前進した[3]と主張するのである。ジャン・モネの名を、そのひとつの証左として用いることが許されるだろうか。

しかしこの時期、欧州統合といってもそれは「西欧統合」と同義でしかない。米英仏の占領下にあるドイツ西部もまた、それに「救済」を求める以外になくなっていく。

ベルリン封鎖とふたつのドイツ

この時期、お決まりの戦後インフレがドイツ経済の復興を妨げていた。これは戦時中の軍事費の膨張のための赤字国債増発による戦時インフレが、敗戦直前から戦後にかけて露呈したものである。ライヒスマルクは発行量が戦時中に五倍に膨れ上がり、戦後の生産力の四倍を上回った。物価騰貴率は、統制価格の六～七〇倍から一五〇倍にも及んだ。通貨価値の急落、すなわちモノとカネのバランスの崩壊は、生産の停滞と流通段階での物資の退蔵を通じて、人びとの生活を破壊した。

一八四八年六月一八日金曜日、アメリカ軍政府財政担当官がラジオ放送で「来る六月二〇日、（米英）統合経済地区ならびにフランス占領地区に新しい通貨が供給される。新通貨の名称は、ドイツ・マルク（DM）」と突然、発表した。手持ちのライヒスマルクは金融機関に預金するように義務付け、預金一〇ライヒスマルクを一ドイツ・マルクに換算、半分は封鎖口座に入れられた。国民一人あたり六〇マルクが日曜日に一対一で交換され、旧ライヒスマルク建ての債務はモラトリアム（支払猶予）や一〇分の一の債権切り下げの対象となる。

また、旧ライヒ（第三帝国）、ナチ党、さらにライヒスバーン、ライヒスポスト（ライヒ郵便）に対しての債権は一切無効とされた。通貨価値の回復を図ると同時に、賃金や年金、家賃などの市民生活に直接かかわる点では新旧通貨の等価交換を保証し、賃金水準の低下を防ぐことで労働意欲の維持をはかっていた。

この通貨切り捨ての荒療治は、ドイツ・マルク新紙幣がワシントンのアメリカ連邦印刷局で準備されていたことに象徴されるように、完全にアメリカ主導であったから、ソ連の猛反発を買った。通貨改革はナチス・ドイツから占領軍が引き継いでいた経済統制の漸次撤廃とセットであり、自由経済体制への復帰を図るものでもあった。

四カ国が共同管理するという原則があるベルリンでの通貨改革をめぐって、東西の意見は衝突した。西部ドイツで通貨改革が実施された直後の四カ国の話し合いでは、東部ドイツ・ソ連占領区の将来の新通貨を米英仏占領下の西ベルリンにも導入すべきだとソ連が主張し、会談は決裂する。翌六月二三日、西ベルリンにもドイツ・マルクが導入された。その翌二四日、ソ連も通貨改革を発表し、ライヒスマルクに代わる「ドイツ発券銀行ドイツ・マルク」をうちだした。紙幣の印刷がまにあわず、旧紙幣に証紙を貼ることでなんとかした。[4]

だが同日、ソ連占領軍は、西ベルリンとドイツ西部との地上ならびに水上交通の一切を閉鎖した。東ベルリンからの電気・ガス・水道の供給もやがて止め、西ベルリンを陸の孤島とする。「ベルリン封鎖」のはじまりである。

鉄道輸送については、すでに四月には、通貨改革を予期したソ連による占領区境界の通行規制で西側の運行が一日ストップする事態が生じていたが、六月一九日にはヘルムシュタット〜ベルリン間の運行がソ連占領軍によって停止された。「ベルリン封鎖」の開始により、東部占領区との全貨物輸送とトランジットが停止される。当時の西ベルリンの食糧など生活必需品の備蓄は、短期間で尽きると予想された。

西ベルリンを人質にとったともいえるソ連に対して、アメリカは六月三〇日、未曽有の大規模空輸を断行した。米英空軍によるいわゆる「空の架け橋」作戦で、分刻みの頻度での空輸がおこなわれ、当時は不可能とされていた一日数千トン規模の物資の定期輸送が実現した。翌一九四九年九月末まで、一日に五〇〇〇〜八〇〇〇トンにおよぶこの空輸は続けられた。この間、五月中旬にはソ連は封鎖を解除している。「干しブドウ爆弾」からはじめられ、次第に整然とシステム化されていったこの「空の架け橋」作戦の成功は、航空運輸の可能性もまざまざと示した。しかし結果として、ベルリンは市の半分が「市場経済」と「計画経済」をそれぞれ代表する、人びととの端的な選択の場とされることになった。[5]

この「ベルリン封鎖」であきらかになったのは、東西両占領区に別れての「ドイツ」国家復活がもはや避けられないことであった。すなわち、「ドイツ国鉄」もまた、ふたつに分かれて再建されねばならない。

「ブンデスバーン（連邦鉄道）」誕生

一九四九年五月、ドイツ連邦共和国（西ドイツ）の憲法にあたる「基本法」が公布され、九月には「ドイツ連邦共和国」政府が西部ドイツの小都市ボンに成立した。これに対して一〇月、旧ソ連占領区ではベルリンを首都に「ドイツ民主共和国」（東ドイツ）の建国が宣言される。分断された東西ドイツでは、英米占領区とソ連占領区の「ドイツ・ライヒスバーン」に政体の変化に応じた改組の手が加えられることになる。

「基本法」第八七条は、連邦の全ての鉄道は国有され、特定の連邦機関によって運営されると定めた。九月七日、米英共同経済区の旧ライヒスバーンは「ドイツ・ブンデスバーン」に改称された。ナチス・ドイツの「第三帝国」を連想させる「ライヒ」の名を、新しい連邦議会内の委員会は避けた。

コンラート・アデナウアー内閣の連邦交通大臣は四六歳のハンス－クリストフ・ゼーボーム（1903－67）である。一〇月一一日、交通相は正式に「ドイツ・ブンデスバーン」（DB：西ドイツ国鉄）の設立を宣言。このとき、交渉妥結が先月なったばかりの英米共同経済区のブンデスバーンの鉄道とフランス占領区の「南西ドイツ鉄道」とがようやく統合された。[6]

九月七日以来のDBの総裁は、六五歳のフリッツ・ブッシュ（1884－1958）であった。法学博士号をもち、戦間期以来ライヒスバーンに奉職、ナチ時代にも交通省の部局長をつとめた人物である。戦後、一九四六年夏には先任者の死去により、英占領区のライヒスバーンの総裁に就任した。

死亡した先任の英占領区のライヒスバーンのトップは、マックス・ライプブラント（1882

―1946）といった。戦前には国外にも知られた鉄道技術者で、「ライヒスバーンの灰色の枢機卿」のあだ名をもち、「シェフ・プランナー」とも呼ばれた実力者であったが、戦時中にはライヒスバーン理事会の若返りを図るシュペーア軍需大臣によって粛清・解職された経験をもっていた。しかしすぐに交通省内に新設された計画局の局長として復職。その主な任務は、ヒトラーが東欧・ロシア侵略の果てに築くべき「生存圏」構想の一環として計画していた、誇大妄想的な超広軌鉄道の路線計画確定であった。敗戦後、分割された英国占領区のライヒスバーンの総裁として、路線再建にとりくむも、四カ国の占領軍統治ごとに分裂したライヒスバーンの戦前の活動への復旧には悲観的・懐疑的ななかで死をむかえた。[7]

ブッシュはすぐに米英統合経済区のライヒスバーンの総裁となり、賃金支払いすら危機的な財政状況の打開のために緊急貸し付けを要求するなど、引き続き再建にとりくんだ。一九四七年一一月には、西部ドイツの輸送網は一応の復旧をみている。ブッシュが新しいDBの総裁にそのまま就任したのは自然な流れであったが、六五歳という定年が一一月以降の留任をはばんだ。高官の進退に特例をつくることの政治問題化が恐れられたためであり、DBのトップ機構自体が法制的にまだ固まっていなかったため、代理的な総裁として技官出身のヴァルター・ヘルベルク（1899―1991）をたてることでしばらく乗り切ることになったのである。DBの統治機構に関する法律（「ドイツ連邦鉄道法」）が施行されたのは一九五一年一二月であったが、ヘルベルクは翌年五月までこの職にあり、その後はハンブルク鉄道管理局長官を務めている。[8]

戦前のライヒスバーンは、およそ五万四五〇〇キロの営業キロ数をもっていた。戦後、このうち一万キロがおもにポーランドに移り、ブンデスバーンは西部ドイツのおよそ三万キロを引き継ぐ形となった。

独立採算制を建前にするDBの初年度の財政状況は思わしくなかった。主要な財源である貨物輸送は車輌数ではかつて対前年比一八%増であったが、インフレ鎮静でかえって旅客需要が伸び悩み、結局赤字を出した。その額は一六八〇万マルクとも、七一〇〇万マルクともいわれる。こうした財政状態にかかわらず、DBは二万八〇〇〇輌の貨物車輌、一二輌の蒸気機関車、一九の気動車などを作り、輸送力の再建につとめている。また、小規模とはいえ路線電化もはじめた。

こうした復興を、DBはほぼ自力で成し遂げていくのである。一九五〇年には戦争直後の戦災を金額計算で設備では半分に、車輌については三分の一以下まで減らし、同年九月には戦後初の新型機関車82系と23系をヘンシェル社に発注した。[9] 成立前年の四八年下期から、復興段階を完全に終えて設備近代化を進める時期に至る六五年までの一七年間に、DBは五五四億ドイツ・マルクの設備投資をおこなったが、そのうち七〇%を自己資金でまかない、二五%を資本市場から調達、政府の貸付金は五%であった。資本市場からの調達分には公債が含まれるが、総じて政府による援助は設備投資の一割程度であり、西ドイツの鉄道はみずからの手でみずからを立て直したといえる。[10]

復興から成長へ、そしてモータリゼーション

こうして、西ドイツ国鉄（DB）はたしかに西ドイツ経済復興の担い手になった。一九四七年ごろの路線網復旧も、経済復興を強く後押しした。戦前は輸送の流動経路は東西方向にあったが、西ドイツ内の資源・工業の分布に沿って、鉄道幹線も南北方向が主となる。変わらず鉄道の主要貨物である石炭はエネルギー資源として、ルール（鉄鋼業、化学工業、電気機械工業）、ノルトライン・ヴェストファーレン（繊維工業、機械工業）、南ドイツ（機械工業）、南西ドイツ（繊維工業）、ハンブルクなど北部海港都市（造船業）など工業中心地の復興を支えた。また石炭、鉄鋼、機械、船舶などの輸出品を隣国やハンブルク、ロッテルダムなどの海港に運んだ。

西ドイツの経済復興は、いわゆる「外延的成長」のメカニズムによって達成された。「外延的（エクステンシブ）」というのは、労働と資本という生産関数の投入要素を増やし続けることで、経済というパイを大きくするという意味である。兵役からの解放すなわち復員によって豊富な労働力が生まれ、マーシャル・プランによる援助を呼び水に、大規模で継続的な資本投下があった。これが基本的にはそのまま、戦前を大きく上回る経済規模を実現する高成長に直結する。「経済成長の黄金時代」と呼ばれる、多くの西側諸国の持続的な経済成長に共通する仕組みであった。「高度経済成長」日本もこれに当てはまる。しかし日本の成長が国内産業の近代化投資によって牽引されたのに対して、「経済の奇跡」とよばれた西ドイツの成長は欧州近

隣諸国を主要市場とする、典型的な輸出主導型であった。[11]

鉄道はその一翼を担ったといえる。一九五〇年には、トンキロ（一トンの貨物を一キロメートル輸送する量を表す貨物輸送量の単位）で測ったときの貨物輸送の六割は鉄道によるものだった。[12] 貨物の大量輸送機関として不動の地位を占め、輸送シェアにおいて一九六〇年代半ばまでトン数、トンキロともにシェアで五割を切らなかった。

一九五〇年、朝鮮戦争が勃発する。冷戦はついに東アジアにおいては局地的な「熱い戦争」となった。ドイツが最前線となるはずの欧州における第三次世界大戦の危機を肌に感じながら、しかし、西ドイツ経済はブーム（五三年まで続いた）を享受した。日本では「特需景気」と呼ばれた景気浮揚と同じものであったといっていい。すでに一九四九年末には三六年水準にまで回復していた工業生産は、四月ごろから投資財生産を中心に目をみはるべき拡大期に入り、本格的な復興と成長がはじまる。

一九五〇年代の西ドイツのＧＤＰ成長率は、同じ「黄金時代」を享受できた西欧近隣諸国のなかでも群を抜いた。五〇年から五八年の間に、ＧＤＰは名目では二・四倍になった。この間の物価上昇を差し引いた実質でも一・八倍なので、大きな物価騰貴を経験していない、純粋な規模の拡大（「数量景気」）があったといえる。一人あたり国民所得は、一九五〇年の一六四〇マルクから三五九〇マルクに倍増した。ＢＲＤ（西ドイツ）すなわち「ボン共和国」の民主主義は、経済成長によって国民の生活水準が改善・向上することではじめて信認され、それによって体制は安定を増した。この意味では、経済のブーム（景気上昇）をくりかえす成長のなかでこそ定着した、いわば「ブーム民主主義」であった。[13]

ちなみに一九五三年の国際鉄道連盟の通告にともない、DBを含めた欧州の主要国の鉄道でも一九五六年六月、夏のバカンスシーズン到来を前にして、一〇〇年間続いてきた一等車から三等車までの区分が廃止された。一等と二等が「一等車」となり、三等が廃止されて新しい「二等車」となった。これは個人主義の時代の乗客に対応した、鉄道近代化と合理化の一環だとされた。なお戦前のライヒスバーンでは二八年以来二等システムが基本的に導入されはじめていたので、DBにはそれを継承する意識もあった。[14]

こうした経済復興をうけ、DBの一九五一年収支も、前年の三億六〇〇〇万マルク（DM）以上の赤字から転じて、七〇〇〇万マルクの黒字を計上するのである。これは戦後はじめての、そして実は最後の黒字であった。[15]

陸上輸送に関しては、モータリゼーションの急速な進行が、抗いがたい圧力となっていく。貨物輸送においてそれは顕著であった。戦前の一九三六年に貨物輸送のトンキロでわずか三％を占めるに過ぎなかった長距離トラック輸送は五〇年代前半に八倍増をとげ、五五年には一六・一％のシェアをもつにいたる。一方、鉄道は戦前の六八％のシェアを落としたものの、依然五六％以上、五八一億トンキロを運んでいた。ただし、これは戦前の二五％増にすぎない。

一九五一年の「鉄道法」や五二年の「貨物自動車運輸法」では、連邦交通大臣は、各種輸送機関の利害関係を調整し、その用益および報酬が輸送機関相互間において調和均衡を保つように措置するという輸送調整政策の原則が明記された。これらは当初、必ずしも鉄道業に不利なものではなかった。だが、トラック輸送費用の鉄道運賃との均等やトラックの台数制限といった鉄道を保護するための措置は、モニタリングがむずかしく、効果はあがらなかったといえる。[16]復興から成長への経済規模の拡大と、一応の政策的保護にかかわらず、輸送市場での鉄道のシェアは減退の一途をたどりだしたのである。

戦前期以来、潜在的な競争相手と鉄道関係者に意識されてきた自動車が、ついに対抗的な輸送機関の地位にのぼったためであった。

なお、戦後西ドイツの急速なモータリゼーションを、ナチス・ドイツ期のアウトバーン建設や「国民車」構想などの大胆な政策や、さらに軍事面での大々的な自動車利用に結びつけて考える見方があるが、慎重にとりあつかうべきであろう。ナチ期の強引ともいえるこれらの政策には、まったく独創的とはいえないまでもたしかに先進的な面があり、道路建設への積極的な公共投資や、個人・家族向けのすぐれた小型車開発の第一歩としての「国民車」（ヒトラー命名の「歓喜力行団車」）の製造、「フォルクスヴァーゲン」社という自動車メーカーの成立など、戦後復興期に直結する側面も大きい。

しかしながら、これらが主に供給サイドでの改善・テコ入れであったことは銘記しておかなければならない。世界的にも先発的なメーカーをもっていた帝制期以降のドイツ国内で自動車、

図表2-1　DBの領域

デンマーク
デンマーク
バルト海
北海
リューベック
ハンブルク
オランダ
電化路線
（非電化線路の多くは省略）
N
ハノファー
エッセン
ケルン
フランクフルト
チェコ
スロヴァキア
ニュルンベルク
ザールブリュッケン
シュトゥットガルト
フランス
ミュンヘン
スイス

とりわけ自家用車の普及が遅れていたのは、「洋ナシ」に例えられる中間層の痩せた所得分布、すなわち国民の購買力の不足のためであった。これを政策的に補おうとしたのが、クーポン制度によって安価な「国民車」を購入できるという計画であった。一週間に五ライヒスマルク貯めるだけで、流線形ボディをもつ新型車が手に入るという。だが、この計画は大戦勃発であっさり棚上げにされ、自家用車の普及などは結局起きなかったのである。ナチ期ドイツでは開戦前から、平均的な生活水準自体は大不況前より低下していたのだから、当然のことであった。トラック輸送は二〇年代から伸びる兆しをみせていたが、これは共和制時代には鉄道業保護のために政策的に抑制していたし、ナチ期に入ると数年で軍需対応に完全に傾いた。

社会全体のモータリゼーションの進展は、戦後西ドイツの高成長と一人あたり所得の伸び、それらがもたらした流通形態の変化（小口輸送の増加など）、それに民主化された社会の個人主義化が生み出したものに他ならなかった。

総裁を筆頭とする戦後DBのリーダーたちはナチ期を知るとはいえ、むしろそれより前の一九二〇年代以前に職業人として自己形成した生粋の鉄道人であった。この点も、モータリゼーションを前提とした新時代の交通行政への対応を遅らせたものかもしれない。だが、彼らにいわせれば、鉄道は公共事業としての特殊な任務を負わされ、経済活動や国民生活のためにさまざまな運賃割引や特殊運賃を設定せざるをえなかった。企業としてみれば運賃決定の弾力性を欠き、このために競争上不利なのであった。その一方で設備の整備のほとんどを自前でまかなってきたのも、五〇年代半ばの自動車税改革まで道路建設費用を自己負担していたとはいえない自動車輸送とは、条件が違う。

すでに一九五〇年代初頭という出発の頃からDBは、国鉄とは「国家による公共事業」なのか、それとも「企業」なのか、という問題に向きあわされていたのである。[17]

東ドイツとライヒスバーン（DR）の成立

「東」に目を転じよう。

ソ連占領区の鉄道行政は、SMAD（ソ連軍政）〇一〇号命令（七月一八日）により、ベルリン鉄道管理局が占領区ライヒスバーンを統括するとしたことにはじまる。一九四五年八月一二日、SMADは一二の中央管理局（Zentralverwaltung）のひとつとして七月末に設置されていた交通中央管理局（Die Zentralverwaltung des Verkehrs）を置く。そのなかに事務総局が入ることで、ライヒスバーンはより中央集権的に制度化された。一九四七年、中央管理局は新設のドイツ経済委員会（Die Deutsche Wirtschaftskommission）に包摂され、その内局となる。ドイツ経済委員会はSMADが組織したドイツ人によって構成される委員会であった。[18]

一九四六年三月にはじまった第二波以降のデモンタージュでは、形式上とはいえ、ドイツ・ライヒスバーンが線路撤去についてソ連側に提案ないし協議する形がとられていた。ナチス・

ドイツ時代の国鉄の残存組織である東部ドイツ・ソ連占領地区内の鉄道管理局は、短い中断期間をはさんで機能を再開していたが、あくまでデモンタージュを中心とするソ連占領体制への奉仕を業務の主軸に置いていた。[19]

一九四九年一〇月、西ドイツ（ドイツ連邦共和国）建国に対して、東ドイツ（ドイツ民主共和国）が宣言された。冷戦下にあってスターリンは西側占領区を含むドイツ全土になおソ連の影響力がおよぶことを望んでいたから、東西分断自体が意に染まぬものであり、将来の統一すらまだ考慮の外にはなかった。現に五二年には「中立」を条件とするドイツ再統一を呼びかけ、西側はこれ（「スターリン・ノート」）をプロパガンダに過ぎないと拒絶している。多くの東欧の国々が採用した「人民共和国」の国号を東ドイツが避けたのも、このあたりの意図を反映していたといわれる。[20]

ソ連は、占領下の中・東欧諸国における再建の動きを全て掌握ないし抑圧し、脅迫と選挙操作によって共産党一党独裁とスターリニズムを軸とするシステムを押しつけ、冷戦下「東側」の一団の衛星国を作り上げた。

東部ドイツについてもまったく同じことをしたといえる。ナチの手を逃れ、モスクワに亡命していた共産主義者を帰国させて、一九四五年六月、ＳＭＡＤ命令第二号による「反ファシズム的政党」のひとつとして「ドイツ共産党」を正式に結党させると、彼らを占領統治補助の行政機関の長に任命することで権力の座につけた。一九四六年、東側のドイツ社会民主党を強制的に合同させ、ドイツ社会主義統一党（SED）として、秋の一連の地方選挙での制覇を狙った。

しかし、ソ連占領地区の最初で最後の自由選挙であった一〇月の州議会・郡議会選挙で、SEDは全体として過半数を割る大敗北を喫した。するとSMADはこれらの州議会の権能を奪って中央行政の協賛機関にしてしまい、ソ連占領区で活動を続けていたキリスト教民主同盟（CDU）や自由民主党（LDP）といった「ブルジョワ政党」に圧迫を加えつつ、SEDを通して中央集権化と計画経済化を推し進めた。

表向きの多党制にもかかわらず、一党独裁体制が構築されていった。名目上は西側占領区も含めた全ドイツの代表を集めて東西占領区の統一と講和・独立を話しあうとされたが、実態はSED主導の形骸的な行事に過ぎない「ドイツ人民会議」が開かれ、一九四九年九月、立法機関として「ドイツ人民評議会」が招集される。西ドイツ（BRD）政府成立をうけてのことであった。ここで東ドイツの建国が宣言され、SEDのヴィルヘルム・ピーク（1876-1960）が大統領に就任する。モスクワ帰りのピークはスターリニズムの忠実な信奉者であり、建国を祝うスターリンからの祝電には「ヨーロッパ史の転換点だ」とあった。

だが、「ドイツ人民評議会」も、その後継組織として設立された「ドイツ人民議会」も、なんらかの民主的な手続きにより選ばれた代表が構成したのではない。東ドイツ政府は最初からほぼ最後まで、民主主義的な正統性はもたないままであった。[21]

ただ、忘れてはならないのは、ナチス・ドイツを打倒したという事実が動かしがたくあったため、スターリン支配下のソ連が体現すると思われていた共産主義が、少なからぬ欧州の人びとの将来像に対して、強い説得力をもっていたことである。独ソ戦まではスターリンはヒトラーと同盟関係を結んでいたという記憶は、都合よく改変されるか無視された。スターリニズムには、あるいはそうでなくてもソ連が東欧で推進する「人民民主主義」には、歴史的真理があると考えた者は珍しくなかった。第二次世界大戦における資本主義国の惨状を目にすることで、戦前以来あった社会主義・共産主義への幻想的な期待が、確信とともに強化されるのは不思議ではない[22]。

SED結党にせよ、共産党が社会民主党を強引に飲み込んだという側面が最も強いにしても、それだけではなかったとはいえる。ナチス・ドイツと戦い続けた共産主義者たちには、倫理的な優位すらそなわっていた。ファシズムの被害者以外の立場に決して立ったことはない人びとこそ、アンチ・ファシズムという共通の大義の担い手になるべきであろう。「ナチの被害者である労働者と農民によって建国された」と自称する東ドイツ(DDR)の無謬性と道徳的優位の主張に、これは直結するのである。

さて、東ドイツの首都ベルリンに本拠を置くソ連占領区の旧ドイツ・ライヒスバーンは、建国された東ドイツの交通省の傘下に入り、東ドイツ国鉄としての体裁を整えた。東ドイツにおける国鉄が「ライヒの鉄道」の旧称を守ったのは、不思議でもあった。また、「ライヒスバー

図表2-2　DRの領域

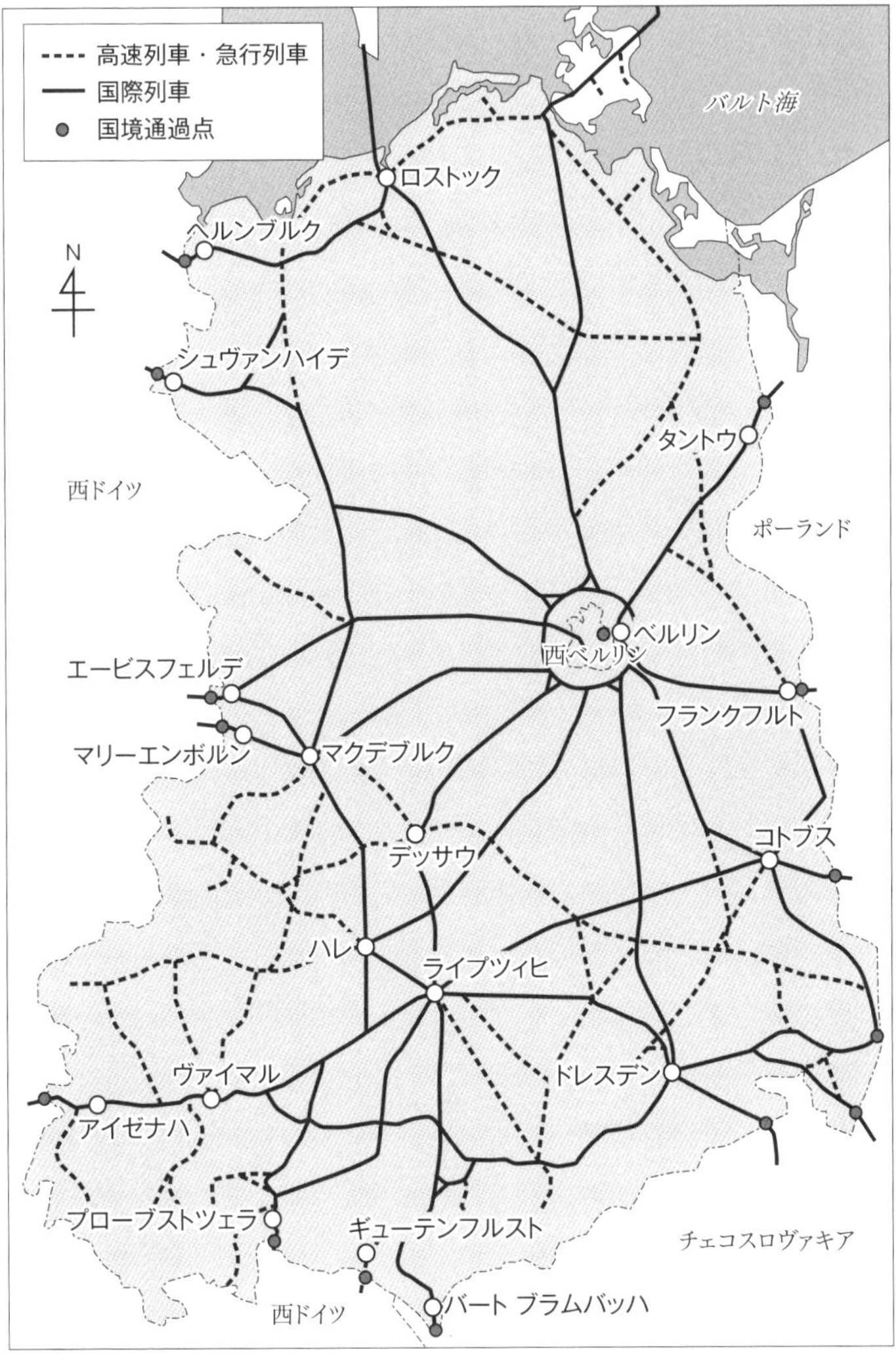
高速列車・急行列車
国際列車
国境通過点
バルト海
ロストック
ヘルンブルク
N
シュヴァンハイデ
タントウ
西ドイツ
ポーランド
ベルリン
西ベルリン
エービスフェルデ
フランクフルト
マリーエンボルン
マクデブルク
コトブス
デッサウ
ハレ
ライプツィヒ
ヴァイマル
ドレスデン
アイゼナハ
プローブストツェラ
ギューテンフルスト
チェコスロヴァキア
バート ブラムバッハ
西ドイツ

ン」名称も占領開始後、かならずしも自明のものではなかった。すでにみたとおりフランスはこの名を避けたし、ソ連占領軍も当初「ドイツの鉄道」といった呼称をしたこともある。そのソ連占領地区で「ライヒスバーン」の名が使われるようになったのは、当時のソ連のドイツ分断を必ずしも望まないドイツ政策の反映であり、また同時に、共同統治下ベルリンにおける旧ライヒスバーン資産の継承を視野に入れたものであったともされる。また、もしも東ドイツの国鉄が「ライヒスバーン」を名乗らなければ、すでに加入しているさまざまな国際鉄道業組織にあらためて入会金を支払う義務が生じるのを嫌ったという見方もある。[23]

成立時の東ドイツ・ライヒスバーン（DR）の路線長については利用可能なデータが欠けているが、およそ一六〇〇〇キロメートルであったとされる。一方、一九四九年のDBの路線長が三万キロメートル超であった。DRないしその前身であるソ連占領区鉄道の雇用者は不足気味であり、かつ配置換えが頻繁で、就業状況に不安定があるのが問題とされた。一九五〇年時点で実習・訓練生を除く雇用者数は二五万二五〇〇（DBは四九万四九〇〇）であったが、五〇年代を通じて三〇万規模まで増大した。この間、DBの雇用者数は四八万人に微減している。

戦災による設備損耗は、ようやく一九五〇年代に回復され、東ドイツ全体の経済復興を通じて人的・物的輸送が増大している。四九年の輸送量はトンキロ数で総額一二四億、人キロ数（旅客輸送量を示す単位）が一七四億のところ、六〇年はそれぞれ、三二八億、二一三億にまでなった。こうした成長の一方で、資本設備の完全な復旧・充実や技術的改良の遅れから、DR

では効率性の不足を労働量で補うため、労働投入の増加を続けざるをえなかった。[24]

国鉄総裁の怪死

唐突のようだが、同じ第二次世界大戦後、米軍占領下の日本に少し触れよう。当時、国鉄（日本国有鉄道。現在のJR各社の前身）をめぐって「三大事件」とよばれる一連の怪事件があった。

いわゆる「下山事件」は、その最初のものとして知られる。一九四九（昭和二四）年七月六日、初代国鉄総裁・下山定則（1901-49）が、常磐線・北千住—綾瀬間の線路上で轢死体となって発見された。四七歳の下山総裁は前日、出勤途中に公用車を突然ひとりで降り、そのまま行方不明になっていたところであった。

当時の国鉄は進駐軍総司令部（GHQ）の指令で、九万人におよぶ大量の人員整理をおこなうことになっていた。これに対して六月九日、国鉄労働組合はストに突入、翌一〇日午後には先頭部にスローガンをペンキで書いた電車を管理側に無断で運転し、かつ乗客を無賃乗車させる「人民電車」を京浜間で往復運行している。こうした労働組合の激しい反対に直面し、技官から抜擢を受けた下山総裁の心労は大きかったといわれる。下山事件直後には左翼・労組による殺害の疑いが報道され、首切り反対闘争の盛り上がりに水をかけた形になった。だが、その後の警視庁発表は、精神疲労による「発作的自殺」であった。

ところが、自殺を否定する根拠となる「死後轢断」の法医学的検証結果も出されたことから、再び他殺説が浮上する。結局、真相は不明のまま捜査は打ち切られた（一九六四年時効）。

作家・松本清張は『日本の黒い霧』（１９６０）で米占領軍（進駐軍）による謀殺説を唱えたが、占領下の闇を象徴する謎の事件となった下山総裁の怪死については、再説や異説がいまだに尽きない。

「三大事件」がたて続けに日本の国鉄で起きた、この一九四九年夏からほぼ一年後。一九五〇年八月末に、同じくなお事実上の占領下にある東ドイツでも東ドイツ・ライヒスバーンの総裁（Generaldirektor）が、きわめて不自然な死を（おそらく）遂げている。

一九五〇年八月の終わり、家族との休暇旅行で保養先のバルト海沿岸にいた五六歳のヴィリー・クライケマイアー総裁は、支配政党たるＳＥＤ当局からの急な呼び出しをうけた。党員として、査問委員会に出頭せよというのである。ただちにその日の朝、自動車でベルリンの党本部におくられ、そのまま二度と家族のもとに戻らなかった。取り調べ中に自殺したとされたが、遺体はおろか、それ以上のくわしい経緯すら夫人にも告げられることはなかったのである。[25]

時期をほぼ同じくして、日独両敗戦国では、それぞれの国鉄総裁をめぐる怪事件がおきていた。とはいえ、両者はもちろん、互いに全く無関係であった。

ただ、敗戦後数年をへて、被占領下日独両国の「国鉄」に戦争の長い影がなお落ちていたことを、国鉄総裁の不自然死事件がともに示唆しているとは、感じられないだろうか。東ドイツ国鉄として発足したばかりの「ライヒスバーン」第二（数え方により三）代総裁をめぐるこの事件について、見ていくことにしよう。

クライケマイアーという男

ヴィリー・クライケマイアー。一八九四年生まれだから、下山定則より七歳上である。東京帝大工学部卒業で、鉄道省の高級技術官吏であった下山総裁とのキャリアの違いは、はなはだしい。労働者出身の、生粋の革命家であった。東部ドイツの工業都市、マクデブルクの労働者の家庭に生まれ育った。

彼の生年一八九四年はドイツ帝国（ライヒ）の、「ヴィルヘルム時代」と呼ばれる時期である。ドイツ帝国の創始者オットー・フォン・ビスマルク帝国首相（宰相）を解任した、第三代皇帝ヴィルヘルム二世は親政的な統治を志し、その結果、内外政に不安定が生じつつあった。一九世紀前半以来、工業を発達させ、国際交易の一覇者となったドイツは経済大国の地位を固めたが、遅ればせながら海外植民地帝国建設に乗りだそうとするあまり、他の西欧諸国との軋轢を生じさせていく。それがやがて、第一次世界大戦の背景をつくることになった。

また、経済成長の一方で労働運動は活発化し、ビスマルクがこだわった「社会主義者鎮圧法」がヴィルヘルム二世によって廃止されたこともあって、労働組合を基盤にもつ社会主義政党「ドイツ社会民主党（SPD）」が帝国議会に一大勢力を築いた。クライケマイアー家の両親もそろって、もちろんSPD支持である。

長男ヴィリーは国民学校を出たあと、この街にあるクルップ・グルーゾン社の機械工場で旋盤工の見習いとなる。当初は親ゆずりのSPD支持者だった。一九一三年に当時の帝国海軍に徴兵され、次の年から第一次大戦に出征する。鉄十字章も得た上級水兵として休戦を迎えた。

ドイツの敗戦に終わった戦場経験は、ヴィリー・クライケマイアーの政治意識をより尖鋭にしたといえる。戦後は独立社会民主党（開戦に反対してSPDから分離した左派グループ）支持から、より過激なスパルタクス団に加入して当時の左翼革命運動に従事、一九一九年末にはドイツ共産党（KPD）に入党している。なお両親もまた、SPD支持を二〇年代半ばに捨て、KPD支持に転じた。女きょうだいはSPD支持を続けたが、弟二人には明確な支持政党はなかったそうである。

前年末から（その後統合されて「ドイツ・ライヒスバーン」となる）邦有鉄道プロイセン国鉄に旋盤工として勤務し、マクデブルク・ブッカウの国鉄修理工場（RVW）では経営協議委員をつとめ、一九二三年には鉄道員労働組合（自由鉄道労働者同盟）の書記となった。東ドイツ・ライヒスバーン第三代総裁の、戦前の鉄道業における職業経験は、これだけである。

鉄道業内でのかぼそいキャリアよりも、KPD党員としての活動歴が、クライケマイアーをソ連占領地区・東ドイツ（ドイツ民主共和国）鉄道業のトップに立たせたといえる。一九二四年からは偽名も用いた本格的な党活動に入り、党任務に応じてドイツ各地を転々とする。警察の手配書によれば、身長一・八メートル、精悍な体つき、やや髪が薄かった。

三〇歳になるクライケマイアーは、まず北バイエルンにむかった。一九二二年にベルリンの中央党学校で幹部教育を受けたのちは、マクデブルク党地区本部に属していたが、同地のKPDの党活動が禁止されたためであった。

革命と敗戦後の「ヴァイマル共和国」こと共和制ドイツは議会制民主主義をとり、穏健な多数派SPDと中道ないし中道右派との連立政権を築いていた。ロシア一〇月革命で「プロレタリア独裁」の樹立を謳ったソヴィエト連邦の強い影響下にあるKPDは、「ヴァイマル共和国」においては反体制の革命政党であった。一九一九年に結成されたソ連中心の共産主義政党の国際統一組織であるコミンテルン（第三インターナショナル）のドイツ支部であり、ドイツ革命時の流血の衝突といういきがかりもあって、唾棄すべき「ブルジョワ民主主義」の担い手であったSPDを右派と同等ないし、それ以上に敵視していた。

一九二四年にKPD党員クライケマイアーは逮捕され、六カ月の投獄判決がおりた後、バイエルン州を追われた。これから八年間にわたり、党命にしたがって各地を転々とする生活に入る。ロストック、ハノーファー、ダンツィヒ、シュトゥットガルト、ケムニッツ、ハンブルク、ベルリン。これほど頻繁に移動したのは、当時「赤い百万長者」「赤いフーゲンベルク（大出版業者）」ともいわれた左翼事業家ヴィリ・ミュンツェンベルク（1889−1940）の新聞・出版事業の地域分社で働いたからだった。

ミュンツェンベルクは有名な「労働者イラスト新聞（労働者画報：AIZ）」を発行し、最大二〇万部という当時としては大部数を売りさばいて、相対的安定期の左派的大衆文化の一角を担った人物。後世に「赤いゲッベルス」とも呼ばれた。ナチ（国民社会主義ドイツ労働者党）宣伝部長（のち宣伝大臣）ヨーゼフ・ゲッベルスが派手なプロパガンダ戦略で大きな効果をあげたのと合わせ鏡のように逆に、台頭していくヒトラーとナチを、KPDの立場から鋭く巧みに批判した。[26]

ナチとKPDは世界大不況期のヴァイマル共和国において議会の左右過激派を代表し、選挙戦においても暴力的な衝突をくりかえした。ナチの暴力組織「突撃隊（SA）」にあたる組織をKPDも持ち、死者も出す路上での闘争が常態化する。こうした実力行使の青年組織は共和国のどの政党も持ち合わせてはいたが、両党の闘争はやはり際立っていた。でありながら、政権獲得を焦ったナチがKPDと共闘してストライキを支持するという局面すら、ほんの一瞬はあった。とはいえ、それも「内戦」とも称される混乱にあった末期ヴァイマル共和制の一挿話でしかない。一九三三年、政権を握ったナチは、宿敵KPDに最も仮借ない弾圧をまずくわえた。

ヒトラー政権成立で、クライケマイアーもドイツを追われた。ミュンツェンベルクにしたがい、フランスに亡命、彼の関係する出版社で働く。ここでのちの夫人、アルザス地方出身の出版社秘書マルテ・フェルとめぐりあった。第一次世界大戦が終わるまでドイツ帝国領でもあった国境地帯アルザス出身のマルテは、ドイツ語を喋った。一九三五年にクライケマイアーがミュンツェンベルクの指示で一時プラハに異動しても、手紙を通じての交際は続いた。

だが、ナチス・ドイツがフランシスコ・フランコ将軍による反乱と政権樹立を支援したスペイン戦争（一九三六－三九年）には、クライケマイアーは人民戦線を支援する国際旅団の一員として従軍した。

スペイン戦争はファシズムと民主主義の戦いだとされたが、各国から義勇兵が集まった反ファシズム陣営にも、暗闘があった。スターリン体制下ソ連の思惑がもたらしたといえる歪んだ内情は、義勇兵の一人であったジョージ・オーウェルの『カタロニア賛歌』（1938）がつたえている。ソ連では、独裁者スターリンによる大粛清がこのころピークを迎えている。大粛清は亡命中のＫＰＤ党員の運命にさまざまな影響をもたらした。ミュンツェンベルクはソ連や、モスクワ亡命中のＫＰＤ中央部と決別している。スペイン戦争従軍中のＫＰＤ党員の多数も、「トロツキー派」や「無政府主義」といった政治傾向の嫌疑で、ソ連の派遣した保安委員の取り調べをうけていた。

クライケマイアーは、一九三七年初夏のマドリードの戦いで、重い戦傷を負っている。前線には戻れず、スペイン南東部アルバセタの国際旅団司令部の人事部副官としてドイツ人義勇兵の人事管理に従事した。

ここで、クライケマイアーはドイツ出身のフリッツ・ライストナーと名乗る背の低い三〇がらみの士官を知った。もちろん熱烈な共産主義者である。

その後もフランス各地での潜伏を中心に、足掛け一四年におよぶ国外での非合法政治活動をつづけた。マルセイユでは数多くの政治亡命を助け、またアメリカ人の社会主義シンパ、ノエル・フィールド（1904-70）を知り、協働関係にもあった。この時期、マルセイユやブリュッセルでライストナーにも会っている。

一九四六年に帰国し、ソ連占領地区の鉄道業に入る。ベルリン鉄道管区長官を経て、四九年一月からライヒスバーン総裁に就任していた。[27]

東ドイツ国鉄総裁

総裁を頂点とする東ドイツ国鉄・ライヒスバーン（DR）のエリート層は、敗戦直後から一九六〇年ごろまでの初期には、政治的思想・態度の正しさと出身階級を重視して選抜された。一言でいって、元ナチの疑いから遠く、労働者階級出身であるのが最も好ましい。

こうした条件をみたすのは、それほど簡単ではない。元ナチではないというのは、かつて高官や高級職員を中心に全職員の三分の一がナチ党に属していたといわれるドイツ・ライヒスバーンでは難しく、またその当時のことばを使えば「反ファシズム的」であるというのも、ソ連占領軍当局（ソヴィエト軍政局：SMAD）やKPD（のちSED）の政治的思惑によって恣意的に決められた。

現にクライケマイアーの前任のDR総裁も、この点にキャリアと人生を翻弄された。行論で詳しくみていくように、ソ連占領区のライヒスバーンは、職員の「非ナチ化」を西側占領区のカウンターパートであるのちのDB以上に厳格に進めた。この点はたしかに評価されるべきだが、問題は、それが厳密な調査を経て正当におこなわれたという意味では必ずしもなかったという点であった。

ヴィルヘルム・ヴァイラウフ（1876－1945）という鉄道人の例がある。一九三三年、ナチ政府の成立によって、当時の特殊会社だったドイツ・ライヒスバーンの首脳部・理事会にもナチ化（「強制的同質化」）の手が及んだ。同社副総裁ヴァイラウフ法学博士も、当時のSPDに近いリベラルな政治姿勢を問題視されて解任され、経営陣ナチ化の急先鋒だったナチ党員のヴィルヘルム・クラインマン（1876－1945）がその後を襲った。

鉄道技師出身のクラインマンは、理事会でも突撃隊（SA）の制服を好んで身に着けていたが、実際は長い間、右派政党ナチのシンパ以上のものではなく、古参党員然と振る舞っていたにすぎない。とはいえクラインマン副総裁は、純然たるナチであるという事実は動かない。一九四一年にはじまった独ソ戦における破滅的な輸送破綻の責任をとらされる形で、当時の軍需大臣シュペーアによって解任されたものの、四二年まで一〇年近くナチス・ドイツの鉄道運営を支える存在である。敗戦後ただちにソ連・赤軍によって逮捕されたのは自然であった。拘禁中に死亡している。

ところが、彼がかつてナチ化に乗じて追い落としたヴァイラウフもまた、ほぼ同じころ赤軍によって拘引され、そのまま人知れず死亡しているのである。ナチ時代の長い雌伏を経て、ヴァイラウフは敗戦直後、占領下のベルリンの鉄道運行を統括する地位にようやく戻されたが、その直後の死であった。ソ連占領体制における峻厳なパージの恣意性はあきらかであった。[28]

一九四六年三月にはじまった第二波以降のデモンタージュでは、形式上とはいえ、ドイツ・ライヒスバーン（その残存組織である事務総局）が線路撤去についてソ連側に提案ないし協議する形がとられた。[29] ソ連占領下において、ライヒスバーンは短い中断期間をはさんで機能を再開していたが、あくまでデモンタージュを中心とするソ連占領体制への奉仕が業務の主軸に置かれていた。

鉄道行政の人事面において、その点は最も端的にあきらかである。ソ連占領区鉄道行政のドイツ側のトップの選任について、これを見ておこう。

一九四五年七月下旬、ソヴィエト軍政局（SMAD）は、ヴィルヘルム・フィツナー（1891－1950）をライヒスバーン・ベルリン総管理局長に任命した。フィツナー博士は共和国期の地方行政官だったが、ナチ時代にはSPD支持の政治的理由で公職を追われた。その後は私鉄経営への税務・会計面の助言で口に糊したので、いくばくかの鉄道行政の知識がある。しかしそれ以上に、「反ファシズム」の闘士としての苦闘がものをいった。ナチ期には、「大逆罪」の嫌疑でザクセンハウゼン強制収容所に入ったこともある。敗戦後はソ連占領区のSPD党員として地方行政に再び携わり、SMADが当初唱えた「民主的新建設」にとりくんでいたが、中央交通行政に入った四五年の年末には、実質的にソ連占領区ライヒスバーンの総裁の役割をつとめている。

しかしフィッツナーが終始SPDを支持し、共産主義者ではなかったことが、ポストからすぐに追われる原因となった。四六年一月には「任務過重」を表向きの理由にライヒスバーン総裁相当の職務を解かれ、三月には経済委員会に異動となる。経済運営の政治化（KPD支配）を批判した彼は、KPDがソ連占領区SPDを強制合併したSEDを離党し、西ベルリンに政治亡命することになる。

一九四六年初頭、ソ連占領区のライヒスバーン総裁に就任したのはヴィリー・ベーゼナー（1894－1960）という元ライヒスバーン技官である。DRの総裁（Generaldirektor）としては彼を最初に数えることもある。彼もナチ時代に社会民主主義的な政治的傾向を理由に解職される経験をもっていた。敗戦後、ベルリン鉄道管区の副長官に返り咲き、ほどなくその長官となった。総裁職につけられたが、すぐにソヴィエト軍政下では思うような鉄道再建は不可能だと確信するにいたる。経済委員会と対立し、四九年一月、「交通再建の二カ年計画の遂行に不適」

との理由で解任された。ライヒスバーンの財務状況悪化の責任をとらされたともされる。同時にベルリン鉄道管区長官クライケマイアーの総裁就任が報じられる。

なおベーゼナーもSEDを離れ、西ベルリンに逃れた。東ドイツ・ライヒスバーンの実態をベルリン・アメリカ占領区放送（RIAS）のインタビューで暴露し、東ドイツ側からの激しい攻撃を受け続けることになる。死後の一九八七年にいたっても、東ドイツ国鉄はかっての総裁を「英国情報機関のエージェント」だったと罵倒した。[30]

謀殺の匂い

クライケマイアーは総裁就任期間も短く、その業績の評価は難しい。

クライケマイアー自身には鉄道業に関する経験や知識は非常に乏しかった。ただ、ライヒスバーンの戦前水準への復帰が西側と比べて遅々として進まなかったのは、そのせいでもないであろう。ソ連によるデモンタージュは東ドイツ経済全体になお重くのしかかっていた。クライケマイアーがはじめて鉄道高官になった一九四六年には地域GDPの五割分にあたる額をソ連に差し出し、ペースは年々鈍ったとはいえ、五三年にもなお地域GDP一六％相当額の賠償目的の移転があった。[31] 鉄道は現物賠償の主な対象であり、かつそうした物資を各地から東方に移送する担い手でもあった。クライケマイアーでなくても、再建に専念することはできなかっただろう。
筋金入りの共産主義者であった彼に期待されたのは、中央計画経済に邁進する東ドイツ体制のなかで、まずソ連との円滑な関係を維持しながら再建を進めることだっただろう。ただ、ベーゼナーが解職されたときのライヒスバーンをとりまく状況が、在任期間中の東ドイツ建国によって一気に改善したわけではないから、誰であろうと総裁としての苦労は変わらなかったはずである。党中央部の評価は芳しくなかったようである。

当時の鉄道員は、とくに冴えもしなかった総裁の姿を一九六〇年代末になっても覚えている。総裁視察で現場を訪れると、クライケマイアーは必ず、真っ先にトイレを点検したのだという。手洗いがきれいに掃除されていれば、執務規則がきちんと守られているのがわかるというのであった。[32] いかにも苦労人らしい細かい気の使い方であるともいえるし、一国の高官らしくもないけちくささともいえる。

一九五〇年八月二五日、クライケマイアーは党査問委員会の召喚をうけた。出頭後、エーリヒ・ミールケ（1907-2001）率いる国家保安庁《シュタージ》によって逮捕され、ベルリン市内アルブレヒト街に連行のうえ、ミールケ自身による取り調べを受けた。そしてそのまま姿を消し、二度と人びとの前にあらわれることはなかったのである。

当時、アメリカのスパイだと目されるようになっていた上記のノエル・フィールドとの戦時中の関係から嫌疑がかけられたのだが、一連の「フィールド事件」自体が根拠薄弱なものだった。

　しかし、のちにシュタージのトップとして東ドイツ「監視国家」を牛耳ることになるミールケにとって、「知りすぎた男」であったのが、おそらくクライケマイアーには災いした。ミールケ自身が、共産党シンパであったフィールドとの戦前・戦中の関係から、党内キャリア上の破滅を招きかねなかったのである。亡命中のミールケの名は、「フリッツ・ライストナー」。クライケマイアーはかつてスペイン戦争における自分の戦友であり、偽名で活動していたミールケが、他ならぬフィールドの支援を受けていたこともよく知っている。

　その後、一九五〇年代半ばをすぎて、クライケマイアー元国鉄総裁は四九年八月三一日、取り調べで収監中、縊死自殺を遂げたと説明された。独房の扉に、固く結んだハンカチをかけて首をくったのだとされた。フランス人のマルテ夫人は、党を相手に夫の死に対する説明を執拗に求め続けたが、返ってきた答えはこれで全て。死亡証明書が出たのは五七年になってからであった。ところがミールケ自身は、クライケマイアーはソ連に送られ、五五年に拘留中に死んだと報告する文書を党中央に送ってもいる。

　つまり、クライケマイアーがどのようにして死んだのかは、ついにあきらかにされないままである。党査問委員会の呼び出しをうけたときには家族での避暑旅行の最中だったこともあり、自殺説の根拠は薄い。もっとも、将来を悲観しての自殺という可能性がないわけではない。クライケマイアーがソ連占領軍当局とうまくいかず、「国鉄総裁に不適格」とされてポストを喪う寸前だという噂も、当時すでに西側で新聞報道があったところであった。とはいえ、ライヒスバーン総裁の失踪と死にも、謀殺の匂いが立ちこめている。

　ミールケとの因縁は措くとすれば、クライケマイアーの死は、冷戦の開始で誕生した東ドイツ国家の一党独裁、スターリン主義によるものだったといえる。冷戦は、アメリカ合衆国とソ連（ソヴィエト・ロシア）という、ナチス・ドイツを倒すことで「超大国」となった者同士の争いである。ならば、三〇代以降の半生を戦場と街路でのナチ党（国民社会主義ドイツ労働者党）、ナチス・ドイツとの闘争に費やし、ついにこれを打倒して勝利したはずのクライケマイアーは、結局ナチス・ドイツによって命を奪われることになったともいえるかもしれない。

　下山事件にしても、第二次世界大戦以前の日本帝国とその麾下の鉄道の拡張と、敗戦によるその破綻という背景がある。国鉄が、台湾、朝鮮、満洲（中国東北部）、華北など外地から引き揚げてきた鉄道員の再雇用の受け口となっていたことが、たしかに下山を心労させた大量の首切り計画を余儀なくさせたものであった。

　戦争の長い影は、地理的にかけ離れた敗戦国の二人の国鉄総裁の背中にも共通して、たしかに差していた。

クレーマー総裁の君臨

クライケマイアーの失跡後、DRでは副総裁エルヴィン・クレーマー（1902−79）が総裁に就任する。この一九五〇年一一月には国家計画委員会が設立され、東ドイツの中央計画経済の司令塔が確立した。各省庁や企業体はこの枠内に入り、経済問題に関するSEDの最終的な決定権が確立した。前・鉄道労働組合代表の鉄道大臣（交通省から鉄道省が一時独立。五四年に交通省に再改組）ローマン・チュヴァレクに総裁に任命されたクレーマーは、これから二〇年にわたって鉄道業のトップに立つことになる。

クレーマーも筋金入りの戦前からの共産主義者であった。ライヒスバーン修理工場の機械工から出発して、ベルリン工科大学で電気技術と機械工学を学び、一九二九年に当時のドイツ共産党（KPD）に入党している。世界大恐慌の年である。三二年にはソ連に亡命、三七年にはスペイン戦争に従軍している。ドイツ敗戦の四五年、ライヒスバーン・ベルリン鉄道管区に復帰し、ソ連占領地区の鉄道業におけるKPD支配進展の一翼を担った。ソ連占領区ドイツ経済委員会の肝煎りでライヒスバーン内での昇進を重ね、四九年からはDR副総裁であった。

前任者クライケマイアーと似たキャリアであるが、クレーマーはウルブリヒト指導下のSEDでは最も筋目のよい党員であった。亡命時代からウルブリヒトに忠実で、ともにモスクワ帰りという点でも、戦争中に（クライケマイアーもそうであったように）西側諸国にいた他の亡命がえりの同志には優越する立場にあった。一九五三年には鉄道省次官となり、翌年交通省に再改組されると、その大臣となる。同時にSED中央委員会の一角を占めた。

しかしクレーマーには鉄道技術者としての専門家的能力があった点を、軽視してはならないだろう。一九七〇年に退任するまで、DRの戦前水準への回復までの再建期の十数年と、その後の発展の時期を曲がりなりにも彼は担った。その理由を考えるうえで、自身が鉄道関連技術の発明で単独共同あわせて一一の特許を取得するような機械技術者としての専門知識の持ち主だったのを、過少評価はできない。

もっともクレーマー時代、DRの一応の再建には一九六三年までかかり、かつ技術革新や設備投資はそれ以降も停滞的であった。のちに触れるように、それはクレーマー総裁ならずとも、DRの置かれた状況からはやむを得ない結果であったともいえる。だから、政治家クレーマー総裁をもし評価するとすれば、本来持っていた技術者的関心や志向を、国家・党官僚としての冷徹な現実判断で押し殺し続けて、自身はしぶとく生きのびた点にこそあるのかもしれない。

クレーマーのそばに仕える下僚たちは、毎朝、官舎の自室で総裁が何かしらの自分のアイディアを伝えてくるのに戦々恐々としていた。たいてい自室を歩き回りながら考えをまとめ、紙片に殴り書きしたメモを手渡すと、それは検討されるべく、技術スタッフにすぐに回されるのであった。[33]

鉄道人と非ナチ化

総裁人事に端的にみられるように、ＤＲにおいては戦前のライヒスバーン人事との連続性を意識的に打破しようとしていた。総裁以下の理事会、管理局などの高官に、共産主義者や社会民主主義者の鉄道労働者や中低位の鉄道職員がついた。戦前のライヒスバーンの昇進階梯（ラウフバーン）は受け継がれなかったので、ＳＥＤに忠実な職員の急速な昇進がみられた。戦争や亡命でキャリアや経験を積む機会を奪われていた世代が、いきなり高官にもなった。

かつての官吏層の追放は、もちろん「非ナチ化」の意図からもおこなわれた。一九四五年から四七年のあいだに高官全体のおよそ五分の一にあたる一三〇〇人以上が「活動的ナチ」として解職された。

しかしライヒスバーン時代、八〇～九〇％の高位職員がナチに入党していた[34]ことを考えると、高い数字ではない。ＤＲでは、「活動的ナチ」と「多くのナチ追随者」を弁別し、後者についてはＳＥＤへの入党によって政治的に浄化されたとみとめて、在職やキャリアを保証するという方針をとったのだ。管理職の大半を馘首すれば運行が成り立たなくなることへの恐れを、政治的なイノセンスの徹底よりも優先したのである。

結果として、最初に意図されたようなＤＲの職員の徹底的な刷新はそれほど順調ではなく、一九五八年になお管理局長官・副長官、管理局や各部局の指導的な技官の四分の一程度がかつてのナチ党員かその追随者であった。また、技術職員は三八〜五〇%が非労働者階級の出身者で占められていた。管理にあたるかつての法律・行政官吏をSED党員や労働者階級出身者に取り換えるのにくらべ、技術系職員を解雇するのは容易ではなかった。技官たちには、かつての市民階級出身が大半を占める鉄道官吏の世界が、より濃く残ることになった。[35]

とはいえ、西側のDBにくらべれば「非ナチ化」は東側のDRにおいてより徹底されたことは間違いがない。西側占領区の鉄道業においても、もちろん非ナチ化の必要は考慮された。しかし、一九四五〜四六年・四六年〜四七年と二年続けての厳しい冬に、鉄道による物流が麻痺してしまうという経験があった。占領の負担を軽減したい英国占領軍にとって、鉄道業の麻痺による流通崩壊の危機は避けねばならない。こうした占領軍の意図も呈して、英国占領地区ライヒスバーンのブッシュ総裁は、アメリカ占領区ですでに実施された同調者四万人を含む「元ナチ」五四〇〇〇人の解雇はやりすぎで、同調者の復職が必要だと声明した。こんなことを総裁が明言できる以上、お膝元の英国占領区で米国占領区並みの追放処分があったとも考えられない。そして米英共同占領区では、ブッシュが鉄道の主管理局の長となった。

一九四七年、米英占領軍の命令で招集された調査委員会により、共同占領区鉄道の新高官に対して、より厳密な経歴調査がおこなわれた。その結果、委員会は、アメリカ占領区ライヒスバーンで高官をつとめていたテオドール・キッテルやマックス・フロム、さらにあろうことかブッシュ本人を含む数名を、罷免に相当する容疑者だと指名した。ブッシュはナチ時代、高位の公職にあり、多くのナチ組織のメンバーだったというのである。ブッシュは自分の無実の主張はもちろん、非ナチ化そのものが復興に打撃をあたえてきたとその弊害まで訴えて反論した。その結果、米占領軍の後ろ盾も得て、トップの職にとどまる。

だが、こうした非ナチ化の不徹底は、その後のDBにとって、危機の時代を乗り越えて復興を果たして以降にむしろうずく、トラウマになった。東ドイツ国鉄（DR）と異なり、DBではナチ時代以前からの高官の大半が非ナチ化を免れ、職に留まるかあるいは結局は早期に復職がかなっている。彼らのラウフバーン（官庁内部の決められた昇進階梯を踏んだキャリア）は中断されず、ナチ時代からの人事的連続性を強く残すことになったのである。[36]

DRと同様、技官・技術系職員において、その連続性は意識的に保持された。ナチ時代の過去が問われることはなかった。

よく知られるように、第二次世界大戦の開始を告げることになったのは、ナチス・ドイツによるポーランド侵攻であった。ポーランド共和国は戦前のヒトラーとスターリンの秘密協定にもとづいて独ソで分割解体された。ドイツ占領部のポーランド国鉄（略称P・K・P）を、当時のドイツ国鉄・ライヒスバーンが吸収する。ドイツ・ライヒに併合された領域（シュレージェンと「ポーランド回廊」）ではライヒスバーンのダンツィヒ鉄道管区、ポーゼン鉄道管区が新設され、従来のオペルン、ケーニヒスベルク両鉄道管区の範囲が拡大された。これ以外のソ連との協定国境に近接するポーランド中心部には「総督府」が置かれた。初代総督は、法律家出身の古参ナチ党員ハンス・フランク（1900−46）であったが、この地域では、鉄道も半独立的な「東部鉄道」として総督府が直轄する形をとった。

東部鉄道長官には、ハノーファー工科大学を出たライヒスバーンのベテラン技官で、一九三六年からナチ党員になっていたアドルフ・ゲルタイス（1886−1957）が、四〇年に副長官から昇進の形で任命されていた。このゲルタイスは、その後の「総督府」治下のポーランドで精力的におこなわれた、鉄道によるユダヤ人の強制収容所・絶滅収容所への移送事業、すなわちデポルタツィオーンの当事者ともいうべき立場にあったはずである。彼が仕えたフランク総督は、人道に反するユダヤ人虐殺の罪を問われたニュルンベルク裁判で絞首刑判決をうけた。

だが、フランクの視察した各地の絶滅収容所におよそ三〇〇万人を運び入れた鉄道輸送の責任者の一人であったゲルタイスは、刑に服することを免れた。戦後は一九四八年からビーレフェルト鉄道管区の責任者となり、共同占領区でも要職にあった。西ドイツでは、一九四九年、ついにDB副総裁までのぼり、ヘルベルク第二代総裁を補佐した。一九五二年、定年退官。五〇年代には、伝統ある鉄道技術専門誌の復刊に力を尽くしたことでも知られる[37]。

また、フリードリヒ・ヴィッテ（1900−77）という技官がいる。彼もまた、ナチス・ドイツ期に頭角をあらわしていた。

一九四一年にはじまった独ソ戦で軍事輸送の主力となったライヒスバーンは、一五〇年に一度のロシアの厳冬に対して、車輌・設備を守る方法を考えなければならない。機関車の増産も急務となり、工程の極端な単純化と資材の節約をねらった量産型の「戦争機関車」を設計、ようやく大量配備に成功した。

代表的な戦争機関車52型の設計をおこなったのが、当時ライヒスバーン中央局機関車製造課長だったヴィッテである。まだ四〇代に入ったばかりのヴィッテは、もともとは、世界最高速レコードをもった機関車05型を設計した中央局の技師長リヒャルト・パウル・ヴァーグナーの部下であった。ところが一九三四年からは、恩師ヴァーグナーに機関車製造に関する考えの違いから疎んじられ、中央局勤務を外されていた。

独ソ戦の最初の冬に輸送破綻が起きると、ナチと反りが合わなかったヴァーグナーは、その責任の一端を問われた。このため逆に、ヴィッテの立場が好転する。軍需大臣として権勢をふるった、アルベルト・シュペーアの知遇も得ていたためでもあった。

一九四二年、ヴァーグナーは引退させられる。その後任として、ヴィッテがベルリンの中央局における機関車設計・製造の責任者となった。高齢者支配を憎んだシュペーア軍需相は、世代交代の抜擢人事を好んだ。「シュペーアの幼稚園」と陰口もたたかれた、若手リーダーたちのサークルができていた。

敗戦が迫ると、ヴィッテはライヒスバーン中央局の同僚たちと、米軍進攻下の西部ドイツ・ゲッティンゲンに逃れた。42系機関車の設計図など、山ほどの書類を持ち出していた。そのまま西側占領区にとどまる。

この間、ナチの被害者ともいえるヴァーグナーは請われて、米英共同占領区の鉄道で働くことになった。これは戦前以来の官僚制的秩序の回復が図られるという側面があった。ナチ時代の強制的なキャリア中断を、役所的文脈で修正しなければならなかったのである。ヴァーグナーはフランクフルトの隣町オッフェンバッハの鉄道主管理局の製造部門ならびに購入部門のトップをつとめ、戦後の二年間の勤務を終えて、一九四八年に今度は正式に引退した。

ヴィッテもまた、米英共同占領区の鉄道で働いた。西ドイツ建国後はDB勤務の技師として、蒸気機関車設計・製造にたずさわった。一九五一年、DBの研究開発機関である中央局はゲッティンゲンからミンデンに移った。一九五五年、「新機関車（Neulok）」の掉尾、すなわちDBが新建造した最後の蒸気機関車となった66系を設計、建造させる。すでにディーゼル車が主力であり、すぐれた性能をもつ66系はわずか二台が建造されただけだった。一九五七年、ブンデスバーン中央局の副局長に就任。引退生活に入ったのは一九六五年であった。

二〇世紀ドイツ鉄道史の泰斗アルフレート・ゴットヴァルトによるヴィッテの簡潔な伝記があるが、蒸気機関車設計者としてのヴィッテの人生を区分したひとつの章は「ベルリンとゲッティンゲンにおける一九四二年から一九五〇年まで」とまとめられた。敗戦をはさんでの連続性も意識された章立てだといえる。[38]

第3章　一九五〇年代・ベルリン・Sバーン

六月一七日事件

ピーク大統領、オットー・グロテヴォール（1894-1964）首相、そして実権を握っていたSED中央委員会書記長（後に第一書記）ヴァルター・ウルブリヒト（1893-1973）らが率いる東ドイツの体制は、スターリン体制下のソ連の存在を後ろ盾に成立していた。企業の国有化と計画経済化の徹底がはかられ、敗戦直後の土地改革につづいて集団農場の建設が推し進められた。

しかし一九五三年三月にスターリンが死ぬと、集団指導体制に一時転じたソ連では衛星国に対する態度にも、脱スターリン化というべき変化がみられるようになる。これはまた短期間で修正され、東欧諸国を翻弄することになるが、東ドイツもその例に漏れなかった。

一九五三年六月初頭、建国から五年もたたない東ドイツ政府は、スターリン死後のモスクワから譴責《けんせき》を受けた。一九五一年から五三年四月にかけて、東ドイツからは四四万人が西ドイツにむけて脱出し、うち一二万人が五三年初頭から四カ月での脱出であった。こうした東ドイツの存立にかかわる脱出の加速は、性急な農業集団化や、一九五一年以来の第一次五カ年計画による重工業化に偏った工業政策という失政が原因だというのが、ソ連新指導部の判断であった（この集団指導体制は早々に崩壊し、ライバルの追い落としに成功したニキータ・フルシチョフの政権ができる）[1]。

だが、東部ドイツ経済の不調は、そもそも出発点にその大きな要因があった。すでに触れた、戦災とその後の大規模なデモンタージュである。

敗戦時のドイツ全土で、工業生産は戦前（一九三六年）の二割程度まで落ち込んだ。ところが西部ドイツが戦前水準の生産量を一九五〇年には回復できたのに対して、東部ドイツではそれが五三年まで遅れた。また敗戦前の最高である一九四四年の水準に達するには、西部ドイツが五一年にはそれを追い抜いているのに対し、一九五八年までかかっている。

戦前、東部ドイツ経済は一人あたり所得で西部ドイツと同等もしくはややそれを上回るほどであり、工業部門の労働生産性も西部ドイツの九〇％程度で遜色なかった。また、戦時中の工業部門へのテコ入れは、東部ドイツの工業生産を戦前の四割増しまで引き上げていたのである。

にもかかわらず、東部ドイツの工業生産の回復が遅れたのは、成長関数で説明すると、資本ストックの急激な減少と、資本と労働という投入要素の利用の効率性（単位当たりの生産性）の低下というふたつの要因によるとされる。

資本ストックの減少というのはつまり、戦災、除去、賠償、それに占領費用の負担ということになる。これらに東部ドイツは一九五三年までに総額五一五億ライヒスマルク、西部ドイツは七七八億ライヒスマルクを費やしたとされるが、住民一人あたりの負担額でいうと東部ドイツ（二七八四ライヒスマルク）のほうが七〇％も多い。空爆と地上戦のもたらしたあれほどの戦災ですら、四五〜五三年までの物的損害額の総計では全体の四分の一以下程度でしかない。

それよりも東部ドイツ、すなわちソ連占領区で目立つのは「デモンタージュ」、つまり除去・賠償による施設の強制移転の巨大な規模であった。推計額二六八億ライヒスマルクは、西部ドイツの三カ国の占領区で支払われたことになる額の六・六倍であった。一九四九年までの占領費用負担を含む賠償額は、東部ドイツの国民所得の三〇％におよんだ。東ドイツ成立翌年の一九五〇年においても依然一八％以上である。これは西部占領区が建国前に支払ったのは国民所得の年平均一五％分、五〇年には六％という数字と著しい対照をなす。[2]

生産性の低下の原因は、東西冷戦の開始で西側諸国と交易が途絶し、資源や製品、技術が手に入りにくくなったことである。これにくわえ、人的資本の流出という事情も継続的に働いていた。戦後、東欧からの避難民や復員をうけいれた東西ドイツでは人口増が起き、労働力は豊富であった。しかし東部ドイツでは、高い教育を受け優れた技能をもった労働力がまず西側占領区に脱出したため、彼らのもつ知識や技能もまた東部ドイツから流出したのである。これらの不利は、東ドイツとなる東部ドイツがソ連占領区だからこそ背負わされたものであった。こうした生産性の低下は計画達成の遅れをもたらし、それを補うために、労働ノルマの上昇が常にはかられなければならなかったのである。

しかし、ソ連新指導部はモスクワを訪問した東ドイツ首脳に対して自己批判を要求し、それにとどまらず、東ドイツ政府がソ連を真似た、重工業化に極端に傾斜した計画経済を見直すよう命じた。

「党は常に正しい」を国歌に謳っていた東ドイツ―ＳＥＤ首脳部は混乱したが、モスクワの指令は絶対である。ないがしろにしてきた消費財産業に目配りした計画への修正にはじまり、工業・手工業における私的経営の容認や、反教会運動の停止、東西交通規制の緩和を含めた「新コース」政策が検討されるに至った。

しかしここで、労働者に課せられた過大なノルマの問題は触れられていなかった。これに対して、建設現場のストライキからはじまった労働者の大規模な抗議デモが、ベルリンその他の都市で起きた。東ドイツ全土で起きたストライキの参加者は五〇万人、デモ参加者は四二万人弱となった。

この状態を抑えるためにソ連軍ならびに人民警察が武力弾圧をくわえたのが、「六月一七日事件」である。戒厳令下、市内の路上にソ連軍の戦車部隊が投入され、実弾が発射された。このときの死者、負傷者の数はいまだに特定されていない。逮捕者数は最大で一万五〇〇〇人である。[3]

鉄道業の現場では、この「六月一七日事件」で、目立った動きはなかったとされる。ひとつには、戦前以来の「ライヒスバーン」従業員にみられる体制に従順な「官吏」意識が、鉄道の運営・運行現場ではなお支配的であったことがある。また輸送業務でのストライキが起きれば、それがソ連軍の活動に直接影響する以上、ただではすむまいとも予想できた。もっとも、ライヒスバーン修理工場の伝統的によく組織された労働者は、二八ある修理工場のうち三つを除く全ての工場でストライキを起こし、逮捕者を出している。[4]

この日一一時から、ベルリン市内の市街電車であるSバーンの運行は停止された。午後から西ベルリンへの境界越えの移動は東ドイツ国民については一切禁止され、西ベルリン市民だけがそれを許された。夜九時以降の外出と集会は固く禁じられた。Sバーンの東西通行の停止は、翌七月九日まで続けられた。ライヒスバーンの運行現場でのストライキの警察記録はない。[5]

西ベルリンSバーン

本書はここから、東ドイツ国鉄ライヒスバーン（DR）についての観察を、とくにベルリンの市街電車すなわちSバーンに焦点をあてることで進めていきたい。東西ドイツ関係のなかでDRがどのような問題をもっていたかが、この首都を走る路線に集約されていた観があるからだ。

まず、エルヴィン・クレーマー総裁期（1950–70）前後のDRのうち、とくに西ベルリン内を路線として走っていたSバーン（以下、西ベルリンSバーン）の展開について概観しておく。

DRは、西ベルリンでも市内交通の一端を担っていた。「ベルリンの壁」ができるまで、市街電車Sバーンは市内の東西移動の足であり、通勤にも使われていた。西ベルリン側でこれに対抗したのが、ベルリン交通局（BVG）のバスやUバーン（地下鉄）であった。

一九四五年八月発令のSMAD第八号命令により、同年九月一日にドイツの鉄道運行業務は名目的に「ドイツの鉄道人（Deutsche Einsenbahner）」に委任された。これは占領軍が困難な鉄道運行を実際に全面的に担うことの断念を示すものであったが、後年、「鉄道を人民（Volk）の手に移管する」というDR創立の公的政治神話の構成要素となる。[6] このとき「ドイツの鉄道人」は西側占領国の容認があれば西側占領区でも営業が可能とされた。[7] 四カ国共同占領下の旧首都ベルリンの特殊な状況下、旧「ライヒ」資産とされた敗戦前ドイツ・ライヒスバーンの施設や運行権をベルリン内において資産として確保しようとする、ソ連側の意図によるものであった。結果、名目上はSバーンを含むベルリン内の鉄道の運行を、ソ連占領地区ベルリン、すなわち東ベルリンがおこなえることになった。[8] これが冷戦下も、西ベルリンSバーン存立の法的根拠となる。

ベルリンSバーンは、ベルリンでも一九四八年までには政治的に表面化した東西冷戦と、その最も端的な発現であるソ連によるほぼ一年間のベルリン封鎖（一九四八年六月〜四九年五月）の期間中も、バス、トラム、地下鉄と同様、市内ベルリン四カ国占領区のとりわけ東西間の境界を越えて運行されつづけた。一九四九年の東西に分断されての両ドイツ建国後も、東ドイツの首都である東ベルリンと西側三カ国共同統治下の西ベルリンという、政治的に分断された市内の東西連絡を維持するという点で、東ドイツ国鉄が運営するSバーンは変わらず機能した。

しかし東西分断は、ベルリンSバーンの運行に何の影響もあたえないというわけには、もちろんいかなかった。

まず西ドイツ（BRD）建国の直後（四カ国パリ外相会談中の五月二一日）から西ベルリンSバーン従業員のストライキが勃発、これは六月末まで続いた。ストライキの直接の原因は、ライヒスバーン・ベルリン管理局が、西ベルリンに居住していた約一万三〇〇〇人のSバーン従業員に対して、西ベルリンにおける通貨となったドイツ・マルクによる賃金支払いの要求を拒否したことにあった。

ライヒスバーン・ベルリン管理局（Rbd：Reichsbahndirektion）は東側の労働組合・自由ドイツ労働総同盟（FDGB）以外は認めず、後年の西ドイツ労働総同盟（DGB）の前身にあたる独立労働組合反対派（UGO：Unabhängige Gewerkschafts-Opposition）との交渉を拒否した。一九四九年五月一二日までのベルリン封鎖中には、鉄道労働組合はこの問題をベルリン市当局に持ち込み、ある程度の合意を得ていた。しかし、封鎖解除後、西ベルリンSバーン従業員にとって状況が悪化する。当時アメリカ占領区内に庁舎があったベルリン鉄道管理局との継続交渉は鉄道労働組合には困難であり、また西側占領当局も封鎖問題の完全解決のためにパリ外相会談中の揉め事を回避したいという考えから、ベルリン鉄道管理局に対して西ドイツ・マルクによる支払を命令しなかったのである。

かくして五月二一日、ストライキがおこり、これに対して東ドイツ当局はＳＥＤの武装組織やドイツ青年同盟（ＦＤＪ）、ＦＤＧＢなどを動員し、駅等占拠の実力排除をこころみ、西ベルリン中央部の「ベルリン・ツォーロギッシャーガルテン（動物園《ツォー》）」駅内で死者も出す衝突となった。また「ゲズントブルンネン」駅では鉄道警察（Bahnpolizei）が一般市民を含むデモ参加者に発砲し、これにフランス占領軍当局が反応、西ベルリン警察とともにフランス軍兵士が駅を制圧する状況を招いた。

五月二四日、事態は静穏化をみたが、その後もベルリン鉄道管理局は、「すでにＦＤＧＢとの間での交渉は妥結し、六月一日から六〇％の賃金・給与の西ドイツ・マルクによる支払いで合意している」と主張し、ＵＧＯ労働組合に拠ったストライキ主導者との話し合いを拒否したため、六月二日、スト継続が決定された。

六月末、ストは収束したが、報復措置をとらないよう西側占領当局からＳＭＡＤに要請があったのは無視され、スト参加者に対して解雇を含む厳しい処分が下された。

この一九四九年ストライキは、冷戦下の西ベルリンにおけるＳバーン従業員の処遇問題を、浮き彫りにするものであった。そしてそれは、一九八〇年代にいたるまで根本的に解決されなかったのである。

また同時に、このストライキをきっかけに、東ドイツは旧ライヒ資産である西ベルリンＳ

バーンについて直接運行に関係する設備以外のコントロールを失うことになった。具体的には、施設賃貸料収入が得られなくなり、事実上の西ベルリンDB分局である旧ライヒスバーン資産管理局（VdeR：Verwaltung des ehemaligen Reichsbahnvermögens）が設置される運びとなる。[9]

一九五三年六月一七日の東ベルリンにおける労働者蜂起（六月一七日事件）では、上述のように、約四週間にわたりSバーンの市内東西連絡運行が停止された。同時に、これをきっかけに、東ドイツ体制を支援することにつながるSバーン利用をボイコットしようとする動きが西ベルリンで起こる。

一九五〇年代、西ベルリンの住人によるSバーンの日常的利用は継続されていた。そのなかで、東西間の政治状況の緊張・ドイツ分裂の固定に応じて、乗客にとっては都市内の東西間連絡の困難さが増していく。

すでに「六月一七日事件」より前から、DRは東西間移動の制限をはかっていた。一九五二年以降の東西境界の（主に一方的に東ドイツによる）管理厳格化・移動の原則禁止をうけ、一九五三年前半に方策が強化された。東ベルリンおよび東ドイツ内の駅における西ベルリンへの帰路チケット販売の停止（二月）（西ベルリン内Sバーン駅での往復チケット購入による西ドイツ・マルク収入の増加も企図）、東ベルリンから市外東ドイツ内ポツダム、オラーニエンブルク／ヴェルテンにむかう、途中西ベルリン内の駅停車がない「貫通列車（Durchlaufende Züge）」運行の開始（三月）などである。

こうした政治的施策は東ドイツ側からばかりではなく、西ベルリン側も東ドイツによるSバーン運行に対しては固い姿勢を崩していない。先のボイコット運動に加え、Sバーンとベルリン交通局（BVG）管轄の交通機関（地下鉄、バスなど）との連絡切符発行の話し合いにおける合意を、西ベルリン市庁は「あらゆる種類の全体主義への反対」という観点から拒否している（一九五四年六月）。

これらに並行して、一定の融和もたしかに図られてはいた。たとえば、西ベルリン政府は西ベルリンSバーン施設の西ベルリン市財政による改修を計画（一九五四年六月。メディアの反対により、DBに移管された資産のみに限定されることに）しているし、一方のDR側も、ベルリン管区長官クルト・フライタークが西側新聞インタビューで、Sバーンには「境界（占領区間Sektorgrenze）」の検問駅を設けないことや西ベルリン内駅施設の改修などを明言する（五三年一二月）。この時期、いわゆる「東国境越えリング（環状線：Ring über Ostgrenz）」も維持されていた。また、東西間の一定の協調アピールとは別の方向であるが、五八年三月には西側BVGのストライキに対して、DRベルリン管区Sバーンも「連帯行動（Solidaritätsmaßnahmen）」を呼号してSバーン駅を封鎖している。

だが、一九五七年一一月から年末にかけて、東西ベルリン市長が互いに「Sバーン分裂（S Bahn-Spaltung）」を図るものだとメディアを通じて批判しあう事態があった。五九年秋以降は、東ドイツ国旗が西ベルリン内駅舎で祝日に掲揚されたが、これも問題となった。また五九年から六〇年にかけては、Sバーン駅舎内の治安が双方の行動によって危機にあるとの非難がたえなかった。現に、構内で実力行使（一九六〇年四月、西ベルリンによるDR鉄道警察員の拘留など）がみられるようになった。[10]

こうした一九五〇年代後半の展開の最大の背景は、もちろん、五五年のジュネーブ会談以降、「ふたつのドイツ」の固定化が進められたことにある。五七年一一月には、東ドイツ内務省が物品の東西間輸送の監督に関する通告で、はじめて「国境（Staatsgrenze）」という語を用いた。[11]また特にベルリンについて重要なのは、この間、一九五二年以降の東西境界の（主に東ドイツによる）管理厳格化・移動の原則禁止のなかで、特殊な地位に置かれていたベルリンを経路として東から境界（国境）をこえる亡命者が毎年二〇万人前後[12]の規模で大量発生していたことであろう。労働力の大量流出が東ドイツ経済の最大の問題となった。その打開策として「ベルリンの壁」建設という強硬手段が東ドイツ政府によりとられるには、しかし、まだ時間があった。「壁」建設の立役者、エーリッヒ・ホーネッカーは五六年から二年間のモスクワ留学で東ドイツを離れており、ウルブリヒト体制のSED中央委員会書記の座につくのは五八年である。

『沈黙する教室』からの逃走と「タバコ、ビール、ビスケット」

教室で授業中に黙禱したただけだったのだ。しかしそれは国家によって禁じられた行為だった。

「ハンガリー動乱」の一九五六年一〇月末、民主化とソ連軍撤退を要求する学生や労働者のデモにソ連軍が発砲し、ブダペストなどで多数の死者が出た。東ドイツの首都ベルリンにほど近い田舎町のギムナジウムの生徒たちは、授業中、ひそかに黙禱をささげた。なぜかその真意はすぐに学校に漏れ、当局に伝わり、ついに教育大臣までもが教室に乗りこんでくる騒ぎになった。首謀者と目され、東ドイツでの将来を断たれた一七歳のディートリッヒ・ガルスカには逃亡しか道はなかった。

一九五六年一二月、まだ「ベルリンの壁」はないが、もちろん逃亡自体が許されているわけではない。それどころか、監視の目に留まれば逮捕されることになる。事情を知る家族に累がおよばぬよう、わざと窓から抜け出してひとり家を離れたディートリッヒは、早朝の郊外列車で、一時間ほどかかるベルリン方面にむかう。

南郊「ケーニヒス・ヴスターハウゼン」駅でSバーンに乗り換えた。すぐにベルリン市内の最初の駅であり、警察が検査に入る管制駅である「アイヒヴァルト」駅に停車したが、ここでの身分証検査では何もひっかからなかった。大都市路線に入り、「オストクロイツ」駅、「ベルリン東」駅、「アレクサンダー広場」駅などを通過した。東側の最後の駅「フリードリヒシュトラーセ」で数分の停車があったが、懸命に居眠りのふりをしてやりすごす。

次が「レールター」駅（現在の「ベルリン中央駅」）。西ベルリンに入った。電車を降り、ゆっくりと歩いた。まだ走り出すわけにはいかない。Sバーン構内は東ドイツの管轄内だからだ。

高架ホームの階段を下り、改札を抜けた。走り出して歩道にたどり着いたとき、西ベルリンに脱出できた。

西ベルリン北西部シュパンダウの叔母の家に向かうため、駅前にいた警官にバス代を借りた。二マルクを出してくれながら、警官は「なあ、おい、信じられないな」と言った。「君みたいな若い子まで、逃げはじめてるのか？」[13]

その通りであったのは、すでにみた。一九五〇年代、年平均で二〇万人以上の東ドイツ（ＤＤＲ）住民が西ドイツ（ＢＲＤ）に向かって脱出した。「足による投票（Abstimmung mit den Füßen）」と西側が呼んだものである。

東ドイツ政府はこれをもちろん深刻視した。東ドイツの人口は、一六〇〇万でしかない。脱出を防ぐために、東西交通をすでにかなり制限していた。

一九五〇年一月の内務省令50／2によって、列車乗務分遣隊（ＺＢＫ）が組織された。西ベルリンを介したヤミの商行為と逃亡を防止するのが目的であった。赤い腕章を巻いた五人から七人で構成されたＺＢＫの部隊は、まずベルリン―ドレスデン間に配置された。長距離列車に乗り込み、疑わしい乗客を尋問し、しばしば鞄の中身や手紙まで調べた。ヤミ取引の摘発にはたしかに効果があり、五一年には二万二〇〇〇人が逮捕されている。五四年には七万六〇〇〇マルク分の金品を押収した。

乗客はもちろん、乗務員や食堂車ミットローパ（戦前以来の伝統をもつこの名を、ＤＲの方が受け

図表3-1　DB（西ドイツ国鉄）とDR（東ドイツ国鉄）の「復興」の比較

	DB	DR
前身	西側占領区旧ライヒスバーン	ソ連占領区旧ライヒスバーン
組織形態	自立的国有企業	国家官庁（交通省／鉄道省）の下部組織
戦前水準の路線設備の回復まで	1950年には達成	1963年には達成
復興立案の根拠	1936年数値に一部依拠	1936年数値に依拠
復興手段	自己負担／国庫補助	計画経済による資源・資金配分
非ナチ化	不徹底	技官以外は高官の非ナチ化徹底
復興期の問題	赤字が続く（負担大）	デモンタージュとその影響（→再生車輌、単線化）
	新交通機関の台頭	西部ドイツの石炭資源喪失
		国際貿易との絶縁で西側技術の導入困難に
総裁選任	当初は政治的前歴を重視	当初は反ファシズムを重視
	のち戦前との連続性	SED中枢との密な関係（E・クレーマー）
		戦前の昇進階梯との断絶
50年代の課題	合理化（人員削減）	労働力不足
	戦前の技術レベルの回復（とくに高速化）	DBの復興を強く意識（高速化、車輌開発、電化）
	SLからディーゼル、電化へ	近代化不徹底・なお復興途上
	欧州統合・国際的地位の回復	計画経済における優先順位の低さ（60年代の「新経済システム」においても）
	輸送シェアの低下とまらず	

継いでいた）の従業員すらも、ＺＢＫを嫌っていた。食堂車の給仕は、列車内で「タバコ、ビール、ビスケット（Zigaretten Bier Kekse）」と呼ばわってみせることがあった。頭文字をとった符丁で、「ＺＢＫが乗りこんでいますよ」と客に注意したのである。[14]

法制上三カ国共同占領下にある、つまり西ドイツではなかった西ベルリンの存在はネックだった。車内にＺＢＫが乗りこみ、ベルリン周辺の管制駅では警察が徹底的に乗客を調べたところで、そこに穴があったのは、ガルスカのあとを追った高校生たちもまた鉄道で逃亡できたことでもわかる。その穴を強引に物理的に塞いでみせる「ベルリンの壁」建設までには、国際世論の手前、みずからの体裁もあり、なお時間がかかる。

その間、東ドイツ住民の脱出を止めるために、社会主義体制の優位を確信するＳＥＤらしい手段もとられた。「西」に惹かれる住民の迷妄や誤解を矯正する必要があるとしたのである。「ハンガリー動乱」の犠牲者に人間的な共感を示してみせた高校生たちに対して、筋金入りの党員たちがとった態度と同じであった。悪質な一部の者を厳しく罰し、多数の扇動された愚か者を反省させ、善導するのである。

東ドイツ国家の一機関である以上、ＤＲもこうした施策の一翼を担った。

一九五〇年代、ベルリンという隘路を抜けて東ドイツを脱出し、しかし再び西ドイツから東ドイツに戻ってきた人びともいた。東ドイツ当局にとって望ましいケースであり、これを当然珍重するために、そうした帰還者（脱出者二〇〇万人のごく一握りにすぎなかったと考えられる）を裏切り者として苛酷に遇することを、一部に対してはむしろ避けたようである。「共和国脱出」は本来ならば懲役刑に相当する重罪であるが、一見豊かな西側社会の裏にある虚偽を身をもって知り、社会主義体制東ドイツの優位にようやく目覚めたという人びとには、彼らの見た事実を証言させるべきであった。

ＤＲの職員のなかにも、そうした西からの帰還者が出ている。また、東ドイツでは鉄道業にまだ関係ない若者が、改心して故郷東ドイツに戻った際の職業の受け皿としてＤＲはしばしば提供された。その場合も、ＤＲ鉄道管区の政治局が取り調べを彼らにおこない、共和国交通省（鉄道省）の政治管理局に報告書を送っている。そこからは、はからずもＤＲとＤＢの発展にみられる差異が浮き彫りになっていた。

帰ってきた男たち――東ドイツを脱出し、帰還した鉄道員

ここで、当時のＤＲの組織形態をおさらいしておこう。一九五〇年代のＤＲは交通省（五〇年から五四年までは鉄道省）に属し、クレーマー総裁が中央で総管理局のスタッフをもち、第一副総裁のもとで「運行・交通主局」、「機械主局」、「路線設備主局」等の事務局が末端のそれぞれの専門局を管轄していた。実際の運行業務を担っていたのは、五州（県）ある東ドイツの各地域の八つの鉄道管理局である。[15] 中部のエアフルト、ドレスデン、ハレ、コトブス、マクデブ

ルク、北部のシュヴェリーン、グライフスヴァルト、それにベルリンの鉄道管理局であり、それぞれに複数の重要な路線結節点をもっていた。

そのうちのベルリン鉄道管理局の一九五〇年代における組織図は、図表3－2のようになる。本部よりはすっきりした印象のあるライン・スタッフの組織であり、管理局長官をトップに、一二の専門局が並び、運行業務担当副長官、Sバーン担当副長官、駅施設並びに物資供給担当副長官がそれぞれの複数の管理部門をもつ管理局を統括していた。Sバーン管理局には政治局部門が置かれていたが、これは当然、ベルリン鉄道管理局本部の長官付の政治局の管轄をうける。このベルリン鉄道管理局本部の政治局は組織図上こそ長官直属であるが、交通省内の政治管理局の出先機関であり、つまり実際にはSED中央委員会（ZK）の支配下にあって、むしろ長官を監督していた。この点は他の鉄道管理局も同じである。SEDの影響を強く受けるのは東ドイツの各種工場や事務所と変わりなかったが、DRでは軍隊や警察に対するのと同様に、それが厳しく制度化されていた[16]。

この政治局の取り調べ記録は本省に送られ、共和国交通省の文書として保管された。現在はドイツ連邦文書館ベルリン・リヒターフェルデ所蔵文書として閲覧することができる[17]。このうち、ドレスデン鉄道管理局による一九五四年中の取り調べ記録（DM1／39264）から、数名の「証言」を追ってみよう。

東ドイツ脱出後帰還した人間をこの年、ドレスデン鉄道管理局が取り調べたケースは一六件。

図表3-2　ベルリンDR管理局組織図

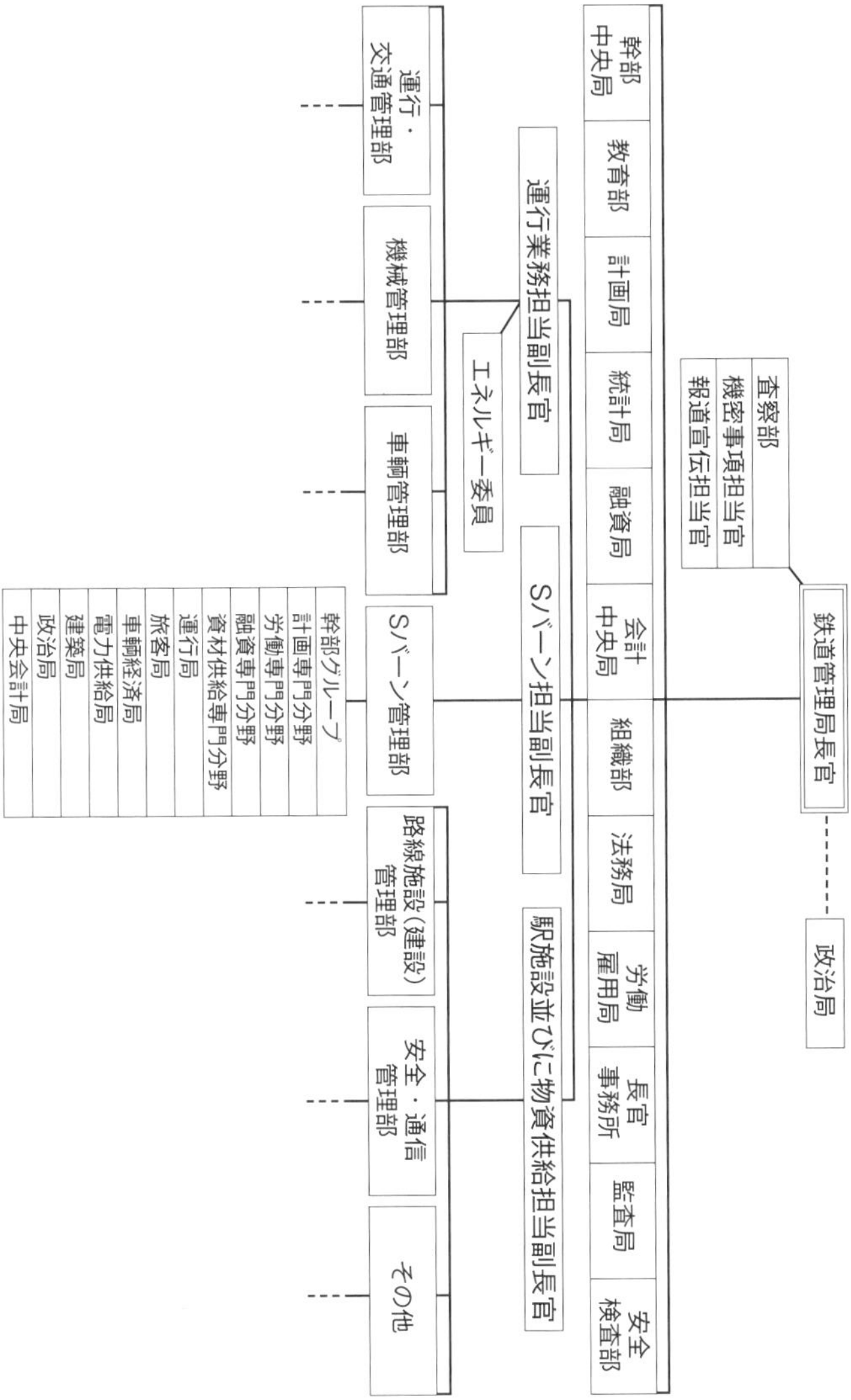

脱出者の総数からみるとあきらかに稀な事例だったたし、DRとその周辺に働く雇用者数からみても滅多にないことだった。また、東ドイツ脱出者や全体の割合からみて稀少な帰還者の例のなかで、鉄道業にある（あった）者をどのように位置づけるべきなのかも、この数値だけでは不明である。ただ、一九五〇年代当時の「西ドイツ」として認めていない「西部ドイツ」に対する、東ドイツ当局のいわば公的な感情とでもいうべきものは取り調べ記録からあきらかになるだろう（「東ドイツに『帰国』した亡命者」たちとして第二次大戦前・中・直後の知識人が綿密に調査されているのに対して[18]、ここで証言を残したDR関係者の多くが労働者であったことから、示唆的な点を見いだせるかもしれない）。

過少なデータだが、脱出・帰還者（全て男性）の生年、脱出から帰還までの期間、脱出時の職業、家族関係（既婚未婚）、調書での証言による西ドイツでの経験のあらましや、帰還の理由、現職などを拾うことができる。そこから、脱出者をいくつかのパターンに分けることもできそうである。

一九五四年当時、脱出者の最年少は徒弟教育の終わりごろにある一六歳、最年長は一九〇一年生まれの五二、三歳であった。相当の幅があるが、年齢・生年の明記があるのは一〇代終わりから二〇代はじめの若者が多い。脱出から帰還までの長さは最短が六カ月、最長は四年弱とこれも幅があるが、把握できる一四名の平均は一四カ月強となり、二年以上の滞在者が三名いるものの、最も多いのは九カ月程度で東ドイツに帰還した例であった。

少年ないし青年が仲間とともに「確たる理由もなく」突発的に出国する例や、退学を契機として決意した者、あるいはベルリンで知り合った西ドイツに住むガールフレンドに惹かれたという例、また家族が既に西ドイツに住んでいるという「家族の事情」をもつ者など、出国の事情もさまざまだが、西部ドイツでの豊かな暮らしを求めたという理由は全員が共通していた。

脱出者のひとり、一九三四年生まれのエゴン・イェスカは、中部ドイツのドレスデン市北東カーメンツ郡の工場で機械工の徒弟修業を終えていたが、一九歳のとき、ふたりの友人とベルリンに逃亡した。確たる考えや理由はなく、「西部ドイツ」すなわち西ドイツの豊かな生活の評判を聞いていたためであるという。一九五三年六月一日、イェスカは西ベルリンに入り、行きずりの人から西側への逃亡のやり方を聞いて、西ベルリン放送塔そばのメッセ会場で当局に亡命を申請した。ここでは英語で取り調べをうけた、とのちに証言する。政治犯（政治亡命か否かのチェックを受け、同時に空港や工業施設について知っているかどうかを尋ねられたという。脱出者に対して西ベルリンで情報機関がこうした聴取をおこなうことは実際にあった。また、それはしばしばアメリカ人（CIA）によるものだと信じられていた。

イェスカはベルリン・ライニケンドルフの難民収容施設で一八日まで過ごす。ここには二〇〇〇人もの一八歳から二一歳までの若者がいた。食事は粗末だった。三二名の収容者が希望通り西ドイツにおくられ、まず空路ハノーファーに到着した。ここからバスでの移動を経てウェルツェン収容所で一〇日間を過ごす。五〇〇人ほどの若者の収容者がいた。三〇平米ほどの部屋に入れられ、一日二五ペニヒの簡素な食事をあてがわれた（代金はのちに支払わされることになる）。

イェスカはここで進路を問われ、鉄道業すなわちDBへの就職を希望したが、ただちに却下されている。

脱出成功後、鉄道業への就職を希望したがかなわなかった――取り調べでのそうした証言は他にも多くみられる。その一人が、一九五三年一〇月、「六月一七日事件」に関与した友人に「そそのかされ、一度は断るも抗しきれず」出国した二一歳のローター・ベーメ。メルゼブルクで蒸気機関火夫として働いていたため、半年の滞在で「逃亡者は西部ドイツでは職が得られない」と悟りつつも、DBへの就職を希望し、フランクフルトをはじめ各地で就職を試みたが果たせなかった。

アルフレート・ヨーディケは一九五〇年という早い時期に出国し、ただちにDBへの就職を希望した。だが彼も、「ソ連占領区」での「A級」を得た職業教育を資格として認められなかったことと、その後もDBでは人員削減と財政難が続いているため、四年にわたる西ドイツでの生活で結局、鉄道業には入れていない。

ビッターフェルト駅で勤務していたゲアハルト・ダーフィトは、一九五二年一〇月、個人的な事情とともに東ドイツの政治への「頑固な」否定の気持ちもあって亡命を決意、西ベルリンへ脱出、西側の検査を受けて市内シュパンダウの収容施設からハノーファーに入るというお決まりのルートのあと、両親が用意してくれていたバート・エッセンの住居に住むことができた。彼もまた、ただちにDBへの就職を希望するが、ミュンスター鉄道管区の採用係に一笑にふされたという。「何を考えているんです？　私たちはこのところずっと鉄道員をクビにしなきゃいけないんですよ」。身体障害があったダーフィトは「また鉄道で働きたい」気持ちを見透かされ、西ドイツのスパイ組織に利用され、一九五三年、連邦議会選挙では「元ナチ」のために働かされたが、鉄道業に斡旋してやるという甘言は反故にされた——と、一年弱後の帰還後の取り調べで怒ってみせた。

こうした不満をもった元鉄道員たちは皆、東ドイツ帰還後にすみやかにDR（東ドイツ国鉄）で職を得ている。

一九五三年二月末から七カ月の西ドイツでの経験後、「戦争を準備する西ドイツ」への反感から帰国したとし、熱烈な東ドイツ体制擁護者として語るカールハインツ・フライベルクのように、DRで運行主任に戻れたことを当局の寛大によるものとして感謝する者もいた。西ドイツ社会の腐敗を辛辣に批判する言葉を惜しまないフライベルクは、帰還後一年で模範労働者（Aktivist）になっている。彼に限らず、東ドイツ帰還後に鉄道業への復職がかなったことを感謝する例は多い。

そしてしばしば、西にいたときよりもむしろ「高い」賃金をよろこんでみせる。こうした言葉は、彼らの「黄金の西ドイツ」への幻滅とともに、東ドイツ体制の優位性としてあきらかに当局が喧伝したいものであり、部分的にはそう言わせているものであったことは、たとえばその賃金「上昇」の内容から知れる。

商人の職業訓練中だった一九五三年に、ベルリン世界演劇祭で西ドイツの若い女性と知り合ったホルスト・ピーター・シュティテクは、この年に脱出、六〇ドイツ・マルク（DM）もする部屋代をはじめとする西ドイツの物価高に苦しみながら月収三〇〇ドイツ・マルク（DM）で青果卸売での苦しい労働に耐えていたが、デュイスベルクを訪問した両親の説得で五四年八月に東ドイツに帰還したところ、ベルリン・シェーネフェルトの鉄道工場で塗装工として月六〇〇「ドイツ・マルク」（ややこしいことに、当時の東ドイツ側からの自国通貨の呼称）を得られるようになったと有難がっている。たしかに物価の大幅な違いがあるとはいえ、東西「マルク」の一対四ないし一対六の通貨価値の差は、ここではきれいに無視されているといえる。

もっとも、失業や底辺労働の経験、低収入による生活苦が、彼らの東ドイツへの帰還の最大の理由であったのは、全ての例で明確に語られている以上、間違いのないところである。

なるほど、帰ってきた男たちが政治局の取調官の前でしばしば語ったのは「自由経済」といいながら「残酷な人による人の搾取」がおこなわれている西部ドイツ社会全体の堕落（物価騰貴、拝金主義、収入の格差、教育不足、東ドイツ人への蔑視、「白人と黒人が」闊歩する大都市の見せかけの繁栄、アメリカ娯楽産業の蔓延など）であり、「平和と自由を首領が口にしながら」戦争準備にあけくれる西ドイツ政府と西側諸国の不義であった。「自分はスパイになりたくないために帰国した」と述べた者もいるが、亡命申請時の聴取で情報収集が図られたことは事実である。若者がよく収容されたサントポステル収容所にかつてのナチス・ドイツの強制収容所の面影を見、ガス室が残っていたと主張する者もいた。さすがに「ガス室」には、取り調べ記録をチェックした東ドイツの本省政治局が余白に「?」をつけている。

だが、たとえ、「西部ドイツの若者教育は全て戦争と再軍備に向けられています。毎日、西部劇と戦争を美化する映画が流されています。ギャング小説が西部ドイツの多くの若者を堕落させています。その明白な証拠は、同時に我らの故郷の西半分に経済危機が迫っている証拠でもありますが、若者の犯罪の増加です」[19]と決めつけたところで、映画館の看板を眺める程度には、それらを意識していたとはいえる。この、今もよく聞く種類の紋切型、もとい、まことに道義的な憤慨の言葉を口にし、東ドイツの若者を迷夢から醒ましたいとしたのは、模範労働者となったフライベルクだった。しかし、彼とてかつてRIASの放送に耳を傾けていたのだから、「店の棚に一杯になっているが、決して労働者は買えないチョコレート、コーヒー、南国の果物」を我慢して、そうした映画の一本をみることがあったかもしれない。

もとより多くの脱出者が、「黄金の西ドイツ」の生活に憧れていたからこそ危険をおかして東ドイツを離れたのである。ところがその物質的繁栄を自分たちの収入では享受できないと知ったとき、幻滅と反発を感じたのであった。

「足による投票」は、ジョブ・サーチでもあった。鉄道員の場合は、その希望は充たされないことが多かった。そこで求職活動をやめて東ドイツに帰還し、「人間への配慮がある我が農民と労働者の国」を捨てたかつての自分の決意を愚かであったと否定することで、たしかに希望の鉄道業に職をあたえられたのである。

しかしそれは、かならずしも当局の政治的意図やそれにもとづく寛大によるものばかりではなかった。たとえばヨーディケはDB就職に失敗した時（一九五〇年初頭）、「DRにはふたつも助手のポストが空いていたのに」と嘆じたと証言しているが、なお長い再建期にあって、設備の近代化が進んでいないDRは、設備や業績の面で早々に戦前以上の水準に達し、かつ「合理化」に乗り出していたDBとは、必要とされる労働者数が異なっていた。資本の不足を労働によって補う運営を当分、続けざるを得なかったのである。

かといって、人手不足の鉄道業では職員や労働者の行動が大目に見られたわけでは決してない。一九五六年までに、何十人ものDR職員・労働者が「サボタージュ準備」や「スパイ活動」の容疑で逮捕され、苛酷な懲役刑を科され、死刑になった者も出ている。[20] 脱出・帰還者は本来、そうした重罪（「共和国逃亡」）の容疑がかけられるべき存在だった。帰還後いったんは優遇されたかにみえた人びとには、体制との隠微な共謀関係が成立していたともいえる。だが、それがいつまでも長続きするとは限らない。

第4章 「ベルリンの壁」その後（1960年代〜70年代初頭）

一九六一年八月一三日——ベルリン

一九六一年六月初旬の米ソ首脳会談では、五八年秋以来のソ連側からの「ふたつのドイツ」を西側国際社会に認めさせることで、将来的にベルリン全体をソ連と東ドイツの影響下に置こうとする平和攻勢に対して、アメリカが西ベルリン維持で譲歩しない姿勢を明確にした。[1]

ソ連は東ドイツとのみ平和条約を締結すると発表、事態の緊迫化をみてとった東ドイツ住民の脱出は六月だけで三万人を超えた。一九五〇年代に東ドイツ経済の復興は問題をかかえながら、それなりに堅実であった。GDP年平均成長率推計値は三・六〜五・五％、最近の研究では（出発点をより低く見積もるため）六・七％という西ドイツの八％平均にくらべてもそれほど低くない数値が出されている。[2] しかし、人口一人あたり所得は六割以下に停滞し、雇用者（労働者）一人あたりの所得はさらにそれを下回った。生産性の高い労働力の大規模な移動が起き、大規模労働投入という東ドイツ経済の支柱がゆらいだ。

これに対して一九六一年七月六日、ヴァルター・ウルブリヒト率いる東ドイツ政権は前年秋以来考慮していたベルリン市内東西境界封鎖について、クレムリン・ソ連政府の同意を基本的にとりつけた。

このとき、クレーマーDR総裁も使節団の一員として同行していた。国家保安相ミールケ、内相カール・マロン、国防相カール＝ハインツ・ホフマンら同じウルブリヒトの腹心との間で国境封鎖計画の細部をつめる。その結果はもちろん、「壁」建設の責任者エーリヒ・ホーネッカーとその麾下のスタッフに伝えられた。[3]

この間も脱出者数は増え続け、七月にも三万人を超え、八月には最初の二週間で四万人以上と加速していた。[4] 一九六〇年における東ドイツの総人口は約一七〇〇万人、その四九・二％が雇用人口である。[5] 東ドイツ経済と社会に誇張なく危機が迫っていた。

同年八月一三日に突然のように起こった出来事について、それから四半世紀後の一九八七年、東ドイツの首都ベルリンにある「ドイツ民主共和国中央交通機関研究インスティテュート」は、次のように簡単に記した。

西ベルリンに対して保障された国境防御によって、東ドイツの首都においてもまた社会主義的発展の好ましい条件が成立した。

東ドイツ政府の変わらぬ公式見解である。[6]

この日、午前一時（「エックス時」と呼称されていた）、DRは他の東ドイツによる封鎖作戦開始と同時に、西ベルリンにおけるSバーンの運行を停止した。

Sバーンの従業員にとっても、これは不意打ちの出来事だった。当時東西ベルリンの国境に近い「ポツダム広場」駅で勤務していた信号主任ギュンター・クーバは、管制官からの電話で「これから建設作業車が入線する」と知らされ、驚いている。通常の業務運行終了前に作業車が入って修繕をおこなうのはありえないことだった。上級管制官に確認し、「了解である。南北線の列車は只今からただちに全てポツダム駅と北駅の間でのみ運行する」と告げられたとき、全ての列車が東ベルリン内でのみ運行することになったと気づかされる。西ベルリン住民は駅員も含め全員地下駅からいったん退去となる。駅監督官は東ドイツの戦闘団（武装民兵隊）が道路を封鎖していると述べただけで、なんの説明もない。再び駅に降りると、列車は短区間の往復運行を続けるだけになっていた。[7]

これら境界線における東側の行動を、西ベルリン警察当局が感知したのはおよそ一時間後である。東西間の移動は遮断され、これ以降、特に東ドイツ市民にとっては西ベルリンないし西ドイツ領域内への脱出は物理的にほぼ不可能となった。次の日にはSバーンの運行は停止した。

二八の主要な駅に早朝からSEDの宣伝部隊と大衆組織の人員がそれぞれ四、五名配置され、事態を知った東ドイツ住民の不穏な動きに対してビラまきを含む説得（のアジテーション）をおこなう予定がたてられた。現実にはこの日、いくつかの駅で若者がビラを破ってみせたり、「扇動的」な市民が宣伝部隊に悪罵を投げつけて平手打ちをくらったりする以外に、組織的な大きな混乱はなく、市民も、またDRの従業員も平静であった。東ドイツ交通省はあくまでこれは暫定的処置で、平和条約の締結までのものだと声明を出した。[8]

「壁」については、その完成形である二重のコンクリートの高い壁のイメージがよく知られている。しかしこのときには、東ドイツ国境警察による国境からの強制退去とともに、急遽駆り出された戦闘団や警察、人民軍工兵が有刺鉄線をめぐらして市内の国境検問所などの交通路を封鎖する形がとられた。翌日、西ベルリンと東ドイツの境界を取り囲む一五五キロに渡る有刺鉄線が完成した。二日後には文字通りの「壁」にこれが徐々に変わっていく。

「壁」建設により、Sバーンは約三六キロメートル分の東西境界を越える連絡路線が途絶し、この結果、ベルリンSバーン環状線は失われた。西ベルリンの「ゲズントブルンネン」駅ならびに「ゾンネンアレー」駅との連結がなくなった東ベルリン内の旧環状線は南北連絡線化し、市北部では、「ハイリゲンゼー」駅との路線連結がなくなった「ヘニングスドルフ」駅〜「ヴェルテン」駅間の電化路線が、郊外につながる未電化路線と一体化し、その一部を構成することになった。[9]

こうして市中心部「フリードリヒシュトラーセ」駅が唯一の国境検問駅として機能するよう

になる。ただし同駅のキャパシティ不足から、やや東に入った「アレクサンダー広場」駅や「ベルリン東」駅などが多くの列車の出着駅として使われた。市中心部を東西に走る「市内線（Stadtbahn）」と南北方向の路線（「ＫＢＳ１００c～e」の一部）の二路線のみが残ったＳバーンによる東西連絡はこの駅を軸とし、東西間境界をまたぐ路線として残存した南北方向の路線においても、東ベルリン内でもこの駅以外での乗降は一切禁止された。このため、一九三〇年代につくられた市内縦貫南北トンネル内の地下駅「ウンター・デン・リンデン」などは、無人駅（「幽霊駅：Geisterbahnhof」）として封鎖されることになる。

また、ベルリン市の境界ないし周辺地域には短期間に新しい交通連絡を作る必要が生じた。ヴュンスドルフ、テルトウ、ポツダム、オラーニエンブルク、ヘニングスドルフ、ファルケンゼーへの、南・北外周路線を越えた郊外交通が開始、または強化され、62系蒸気機関車やＶ１８０系ディーゼル車が利用された郊外列車、いわゆる「スプートニク」が郊外交通の主力となった。

冷戦開始直後からはじめられていた、西ベルリンを迂回し、交通的に東部ドイツ―東ドイツから遮断・孤立させるのを計画した鉄道路線の建設は、一九五〇年から五六年にかけての「ベルリン外環状線（ＢＡＲ：Berliner Aussenring）」の成立でほぼ完了していた。「壁」は最終的にこれを完成させたといえる。ベルリンを外周するＢＡＲはこの一九六一年から貨物路線を含めて、複線化がようやく進められる。[10]

当時の西ベルリン市長は、社会民主党（SPD）のヴィリー・ブラントである。東ドイツの非常手段に危機感をあらわにしたブラントは、「壁」建設の直後からSバーン利用のボイコットを市民に訴えた。

「Sバーンで行く者は、ウルブリヒトを助けることに」「ウルブリヒトにもう小銭もくれてやるな」といったスローガンが労働組合、政党や民間で唱えられた。当時（一九六三年八月九日付）の週刊新聞「ツァイト（Zeit）」によれば、現実に客車は九割がた空っぽの状態で、利用者は外国人か西ドイツからの旅行者くらいだったという。[11]

西ベルリン住民にSバーンはきわめて不人気な乗り物になった。東ドイツ国鉄（DR）当局はこのボイコットの事態に対して、その後も激しい言葉で反応した。この点は行論でも触れる。

このボイコットは、当のブラントが連邦宰相としてSPD主体の中道左派連立政権下で、融和的な「（新）東方外交」を進めていった一九六九年以降、七〇年代にも形式上はやめられていない。六〇年代以降の西ベルリン市政府は、自動車道の整備と地下鉄（Uバーン）やバス路線の大規模な拡充に乗り出した。これにより、Sバーンの西ベルリン市内輸送における地位は低下し、一方で東ドイツ国鉄が政治的意味合いからSバーンを西ベルリンで維持しながらも高費用の出資を嫌ったため、便数の低下、設備の老朽化はとめられなかったとされる。一九六〇～七〇年代のベルリンSバーンでは、二〇年代末～三〇年代半ばに設計された275系・276系の「四分の一車輌（Viertelzüge）」がなお利用された。[12]

東ドイツ財政の資金難のなか、化学産業や電機産業に投資は集中され、ＤＲに対しては投資が全般に進まない状況が続いた。[13]

「壁」前後の経済史——「経済の奇跡」と忍び寄る停滞

「ベルリンの壁」建設はたしかに東ドイツ経済を崩壊の危機から救った。一九五〇年代を通じて二〇〇万に及んだ脱出者の波には、熟練工、技術者、科学者などの専門家といった優秀な労働力が大量に含まれていた。その流出を物理的に食い止められた効果は、社会の安定という意味でも大きかったのである。

しかし、壁が東ドイツ経済のなにか根本的な問題を解決したわけではなかった。復興が一段落したのちの一九六〇年代、東ドイツの成長率は目に見えて鈍化した。ＧＤＰの年平均成長率は六〇～七〇年には二・七％である。[14]一人あたり所得の水準も、西ドイツの六割弱程度で定着してしまった。計画経済の出発点で等閑視されていた消費財産業の回復が遅れたため、日常の消費水準は五〇年代末にようやく戦前程度に戻り、その後も改善はされたものの、西ドイツに比べれば四割程度ともいわれる低さであった。[15]

西ドイツことＢＲＤにおいても、一九六〇年代には途中から年平均八％を越えるＧＤＰ成長率というわけにはさすがにいかなかった。だが、なお一〇年間で年平均四％を越える成長が維持された。[16] 一九六〇年に英国を抜いて西側世界の順位で「GNP世界第二位」になった背景には、住宅建設と輸出の伸びがあった。その後の過熱と調整期間を経て、アデナウアー内閣の後継内閣としてルートヴィヒ・エアハルト内閣が出現した一九六三年以降、景気はふたたび急テンポで上昇しはじめた。相変わらず輸出と建設業の活況が支えだったが、年率平均六パーセントで上昇する賃金に裏打ちされた個人消費の急増がテコとなる「消費景気」であった。これはインフレの気配が忍び寄る一方、過剰生産が目立つ一九六六年くらいまで続く。

エアハルト内閣の退陣をもたらす景気後退をはさみながら、そして化学産業のような「成長産業」と石炭のような「斜陽産業」の差を浮かびあがらせながら、なお「経済の奇跡」は持続した。一九六〇年代末は戦後最大のブームのピークとなった。貿易黒字は積み重なり、ドイツ・マルクの強力な国際通貨としての価値は不動のものとなった。[17]

ボン共和国（西ドイツ）の民主主義は、このブームをくりかえす経済成長のなかで定着した「ブーム民主主義」であったのは、すでに述べた。[18]

この間、エアハルトが経済相時代に唱えた「社会的市場経済（Soziale Marktwirtschaft）」の看板はそのままに、経済の安定と成長をはかるための政府の計画の要素が増していく。エアハルトは「計画経済」との対比をねらって「社会的な市場経済」を唱えたのだが、戦時経済システムとケインズ主義の洗礼を同時に受けたテクノクラートが経済政策の中枢にすわりはじめるのは、西側世界の一般的傾向でもあった。[19] 一九六九年秋、キリスト教民主同盟／社会同盟主体の政権が倒れ、社会民主党（SPD）のヴィリー・ブラント政権が成立している。

工業生産を一九五〇年の二倍にした五六年には、西ドイツ経済はほぼ完全雇用を実現していたが、その後も失業は減り続け、失業率が一％を割る「超完全雇用」に達した。一九五〇年にはなお一五八万人の失業者がいた労働市場の需給関係は一〇年たたずに逆転し、六〇年代の労働市場は供給の逼迫で特徴づけられる。「ベルリンの壁」による東ドイツからの労働者の流入――脱出だけではなく、ベルリン市内における東西通勤も含まれていた――の完全遮断は、この点でショックだった。

西ドイツでは、すでに一九五〇年代半ばからはじまっていた外国人労働力への依存が加速的に強まっていく。イタリアやギリシアなどの南欧から、さらに安価な労働力としてトルコからの労働力の流入が「ガストアルバイター（ゲスト・ワーカー）」の名で進められる。[20]

労働力不足は、東ドイツでも同じであった。こちらは、資本不足を労働投入で補うという側面が最も強い。東ドイツの全人口に占める労働人口比の高さはこの反映であった。東ドイツ経済の停滞がみられたのは、労働生産性がいっこうに伸びなかったからである。ここに西ドイツとの決定的な差があった。生産性の格差は、年々広まっていったといっていい。

労働生産性の向上は、中央指令・計画経済において常に重視された。党政府は、社会主義体制では押さえつけられている個人の営利欲をおぎなうのは政治意識の向上だとし、さまざまなスローガンで労働者に訴え、ときに駆り立てた。「わが職場は平和のための戦場！」「今日働いたぶん、明日生きる」「ともに計画し、ともに働き、ともに統治！」

にもかかわらず生産性が停滞したのは、計画経済における労働管理の組織的失敗のせいであった。平たくいえば、東ドイツの労働者は中央計画にもとづく過酷なノルマとセットになった体制側の美辞麗句には決して容易に動かされなかったのだとしかしようがない。計画当局にもそれ以上に打つ手はたいしてなかった。ノルマ達成を厳しく管理しようにも、実はモニタリングの手段は不足していた。[21] また、一九五三年の労働者蜂起の記憶は、それを暴力的に鎮圧した東ドイツ政府にとってもトラウマになっており、「壁」によって「足による投票」を強引に防げるようになったとしても、労働者に対する一定の配慮らしきものを完全に喪うわけにはいかなかった。「壁」建設後も、やはり毎年二一～三万人以上の国民が流出していたのである。[22]

だが、生産性停滞の最大の要因は、冷戦体制下、東ドイツが国際貿易から比較的孤絶していたことであった。産業（製造業）の部門ごとにみると、一九六〇年代にソ連から「友好輸出」による原油供給をうけられた石油化学産業はさまざまな新部門を発展させて高い生産性をもったが、鉱業や機械製造業の生産性は停滞的で、全体の生産性向上の足をひっぱった形となる。また、労働集約的で機械化が進まず、新技術の導入が進まない農業の生産性は著しく低かった。

鉄道を含め、輸送部門の労働生産性も停滞的であった。一九五〇年代半ばからやや上昇に転じ、西ドイツの五割程度を超えることができたが、その後も結局六～七割弱の水準で推移した。設備投資の低調さが原因であった。路線電化を一部で進行させ、（低い水準から出発したため）生産性上昇の勢いでは西ドイツ国鉄を一時しのぎさえした東ドイツ国鉄も、この例から大きくは離れられなかった。[23]

東ドイツ国鉄の苦闘

東ドイツ国鉄（DR）は当然、東ドイツの中央計画経済の枠内で運営されていた。もちろん東ドイツの「中央計画経済」が、全ての時期で一様に変わらないものではなかったのはいうまでもない。建国期の一九五〇年代にもソ連型の性急な農業集団化や重工業化に邁進した時期とその一部修正を余儀なくされた局面があり、その後の六〇年代、いわゆる「新経済システム」期の現場決定権の一部認容によるやや弾力的な運営の数年間、さらに七〇年代のソ連型への回帰、同時に社会政策としての消費財生産の努力といった変化があった。東ドイツの重工業を特徴づける「コンビナート」にせよ、業種ごとの国営企業（人民所有企業）の集積と連関形成と一口にいっても、白川欣也氏の研究があきらかにするように、その構造や機能に五〇年代から六〇年代、さらに七〇年代で違いが少なくない。[24]

ただ、その最大公約数的な像というものは描けるだろう。ナチス・ドイツ以前に民間企業であったわけではないDRは、つねにそれに収まっていたといえる。「国営企業」ほどには、その時々のシステムの影響で変化をこうむることはなかった。

ＳＥＤの政治局が経済計画の全体的な目標を定め、国家省庁の代表があつまる計画委員会がそれを形にし、その実行を監督した。今後三〇年程度の見通しをもとに一五年にわたる原計画が作成され、それをもとにおおむね五カ年の計画が策定され、ここで「計画目標」が設定された。五カ年計画をもとに、年次国民経済計画がつくられ、これが各職場の年次計画のもととなって、労働ノルマが決まるのである。

東ドイツ国鉄（ＤＲ）の場合、たとえば貨物輸送に関して、輸送手段の自由な選択は許されず、計画により決められていた。それをもとに、ＤＲは課されたノルマにとりくまねばならない。運賃設定は経済的にではなく政治的根拠で決められていた。東ドイツの慢性的な物資不足のもとでは、ノルマ達成に必要な資材の供給はまれであった。ＤＲはＳＥＤによる資金・資源割り当てにおいて、優先順位が低かった。[25]

西部ドイツ・ルール地方などと切り離されたおかげで、建国前後から石炭の不足は深刻であり、一九五〇年代末までは石炭滓を燃料に使った蒸気機関車（44・9系など）が期待とともに建造された。もちろんエネルギー不足を解消する切り札とはなり得なかったが、六〇年代初頭にも九〇台前後が貨物輸送に用いられていた。[26]

車輛建設に、東ドイツ国鉄の問題は端的にあらわれた。一九五一年には機関車新建造の計画がたてられ、ようやく一九五四年にはバーベルスベルクの「カール・マルクス」機関車工場でそのうちの25系汎用機関車と65 01系テンダー機関車が製造されたが、資材とキャパシティの不足であとが続かない。
　最初の資材と生産手段の不足から、東ドイツ国鉄（DR）では戦前ライヒスバーンの機関車を各地のライヒスバーン修理工場で修繕し、改良を付け加えて車列に戻した。いわゆる「レコロック（再生機関車 Rekolok）」である。戦時中の機関車は粗製乱造のため経年劣化がすでに進んでいたが、たとえば50系から、一九五七年以降はボイラー部に改良をくわえた50 35系が六二年まで八台製造された。
　かつてナチス・ドイツでヴィッテが設計した量産最優先の「戦争機関車」52系は二〇〇台が敗戦後、ソ連にデモンタージュで送られていたが、これが五〇年代末に返還された。一九六〇年から六七年にかけては50 35系の新ボイラーに取り換えることで再生されている。これらレコロックには性能向上もたしかにあったが、五〇年代の再建期にDRが新規車輌を投入して成果を挙げたといえるのは、狭軌用の機関車99系か、客車不足を一気に打開するために一九五二年から導入された二階建て客車の導入くらいであった。[27]
　DRは一九六三年ごろにようやく再建期を脱し、近代化の段階に入った。「壁」建設後、ソ連に対して東ドイツは信用供与の援助を求めざるをえなかったが、断られてしまう。そこで一九六三年、ウルブリヒト治下のSEDによって「新経済システム（NÖS：国民経済の計画と指導のための新経済システム）」が唱えられた。中央の国家計画委員会に集中していた全方面の権限を分割し、工業については、全国ならびに地方レベルの行政指導と監督管理の機能をもつ国民経済評議会をつくった。

この評議会は工業部門ごとに七つの工業局に分かれ、その下に業種ごとの「部」があり、さらにその下には製品グループごとの人民所有経営連合があって、個々の人民所有経営（企業）を管理した。この現場により近い経営連合に、研究開発や資金に関する計画や管理の機能が一部委譲されたのである。そして相当の自律性を許された個々の経営連合の業績は多面的に評価され、そのことを通じて経済全体の生産性があがることが企図された。決して市場原理の導入をはかる改革ではなかったが、分権化によって現場に経済活動へのインセンティブを高める仕組みであった。また、一九六七年に再度「知識・技術革命」が呼号されるにいたる、技術革新を中心とする経済改革が志向された。東ドイツの経済政策において、かつて知識・技術にこれほど焦点があてられたことはない。[28]

鉄道についてはまず、老朽化した線路などの上部施設の改修がはかられた。路線建設の機械化のためには、ソ連や西側における最大の貿易相手国オーストリアから最新の建設機械を導入しなければならない。路線近代化の投資額の三分の一以上がこれら輸入代金にあてられた。その他の路線設備の近代化も同様に着手された。いかなる理由だったかは不明だが、このころ、SED当局は交通部門ににわかに重点を置き、鉄道への投資額を一九六五年には前年比一五〇%増としたのである。

車輌建造では、石炭不足に悩みながら中古機に頼る状況からの脱却を進めた。

デモンタージュ以降の発電設備の喪失を乗り越え、電化が徐々に試みられていく。DRにはSバーンなど限られた電化路線しか残っていなかったが、一九五〇年代はじめにソ連に差し押さえられていた電気機関車の大半が返還されたことをきっかけに、短距離路線への電気機関車の導入がはじまっていた。一九六一年にはE11系電気機関車が開発され、時速一二〇キロを出すこの車輛は、中部ドイツ・ザクセンの南北路線にまず投入された。ここから七〇年代にかけて、経済的に活気のある中部ドイツの都市部にSバーン路線が建設されていくのである。

また、西ドイツやハンガリーから輸入されていたディーゼル機関車の本格的導入も、ディーゼル油供給の不安をかかえながらも進められていく。ディーゼル機関車導入は、あきらかに経済効率性向上につながった。一九六〇年代には国産化をはじめ、DBのV36系をモデルに、青く塗られた二車軸のV15系、V23系が、さらにオレンジ色に塗られたV60系が建造された。六三年のV180系がこれに続く主力車輛であった。

これらの車列番号は、西ドイツのDBにすでに付けられているものを慎重に避けていた。このころ（ウルブリヒト時代）はまだ、将来の統一に際して番号がダブらないようにするという政治的ポーズをみせていたのである。

こうした動きは一九六六年まではまず順調に成果をあげたといってよい。六七年以降の東ドイツは「社会主義経済システム」を改めて唱え、知識・技術の拡充に重点を置く姿勢を示した。現にここから八〇年にいたるまで、産業部門における研究者やエンジニアの数は着実に増えていくのである。

しかし、結局のところ、設備の近代化は一九六〇年代にもめざましい進捗をとげたわけではなかった。

車輛建設に関しては、まさに一九六六年に、少しずつ進んでいた気動車への将来の切り替え路線が、政治的事情で断ち切られる。東ドイツ中央計画経済の重点は、自動車や電機の生産能力向上と、ソ連からの安価な原油の輸入確保に置かれた。SED政治局は、鉄道業において将来の電化とディーゼルへの転換を進めるとしながらも、ソ連との政治交渉の結果、その見返りとして二〇〇〇馬力以上のディーゼル機関車はソ連からの輸入車輛に限ること、自前での電気機関車の開発を見直すことを、机上の空論で決めてしまっていた。そもそも東ドイツの車輛は東側の経済相互援助委員会の枠組みで、大半が東側諸国に輸出されなければならない。自国の鉄道車輛近代化に、この点からもブレーキがかけられた[29]。

DBを強く意識した鉄道近代化は、計画達成に遠くおよばぬままに一九六〇年代後半以降、減速する。東ドイツの中央計画経済において、鉄道への投資配分は六〇年代を通じて平均八%程度を占めるにすぎなかった。これは再建期の五〇年代を三分の一ほど下回る。東ドイツの新経済システムによる技術革新促進政策の恩恵も、DRは受けていなかった。早くから合理化を進めていたDBとの技術的な懸隔は埋められず、広がるばかりとなっていた[30]。

鉄道業の再建が曲がりなりにも進んでいた一九五〇年代半ば、社会主義体制の優位を確信するウルブリヒトが西側経済をいずれ抜き去ると豪語したころ、鉄道業もまた「西暦二〇〇〇年の鉄道業」の繁栄の未来予想図を描いてみせることができた。[31]

「壁」建設で当座の危機を乗り越え、新経済システムが一定の成果をあげて国民生活で耐久消費財の普及も確実に進んだこの一九六〇年代、東ドイツ政府や中央経済計画当局にも、なお一種の楽観主義はあった。自前の技術革新をなんとか進める工夫やそのためのなんらかの手を打つ姿勢を欠いたDRという組織全体も、またそうであったと言わざるを得ない。

だが、そうした甘い予想図を思い描ける時間は、過ぎようとしていた。

西ドイツ国鉄の達成と改革

東ドイツ国鉄（DR）は、いちはやく戦前並み以上の復興を果たし、鉄道高速化にも成功した西ドイツ国鉄（DB）を強く意識しつづけていた。

戦後のDBの輸送速度は、路線の一応の修復がなったのちも、なお戦前を下回っていた。一九五一年の高速気動列車網の平均時速は八五〜九〇キロで、これは三九年の平均より二〜三〇キロ低い。西ドイツ経済の急成長に対応するために、五〇年代半ばのDBは線路等の路線設備の強化につとめるとともに、蒸気機関車からディーゼルや電機気動車への転換を進めた。五三年にはディーゼル機関車V200と電気機関車E03を投入し、六〇年代に続く列車高速化時代を開いた。一九六二年には最高時速一六〇キロを出す世界最大四〇〇〇馬力のV320がデビューした。[32]

DBの場合、列車高速化の達成と、進行しつつあるEEC（EC）の枠組みによる欧州統合への参加とは一体化していた。一九五七年にDBはアムステルダム、パリ、ブリュッセル、チューリヒ、ミラノなど欧州大都市を結ぶ特急列車トランス・ヨーロッパ・エクスプレス（TEE）にディーゼル油圧式気動車VT11・5（のち601系）を投入し、DBの技術的復興を西欧に印象づけた。六二年には、伝統の「ラインの黄金」の名を冠した国際列車がアムステルダムとバーゼル間に走る。ガラス天井の展望車を呼びものとするこの豪華列車は、最高時速一六〇キロで走れる電気機関車E10が牽引する近代的な列車であった。[33]

ひきつづき、一九六〇年代前半には、近い将来の時速二〇〇キロ以上の走行により、輸送時間の二、三割の削減を目指すという議論がはじまっていた。これはE03 002が六五年に通常運行の列車としてはヨーロッパ鉄道史上はじめて時速二〇〇キロをミュンヘン―アウクスブルク間の走行で出したことで実現した。[34]

なおこの二年前、一九六三年には理論上は二五〇キロ走行も可能というコメントが、DB本社機械技術・資材調達局長のギュンター・ヴィーンズ博士（1901－75）というベテランの技官によって『ブンデスバーン』誌に発表されている。ヴィーンズは、東海道新幹線の工事がはじまっていた日本や時速三三〇キロの試験走行をおこなったフランスに刺激され、DB内にも高速走行の研究チームがつくられたとした[35]（なおナチス・ドイツ期、流線形の車体で世界最高速のレコードを叩きだした05系蒸気機関車は、この一九六三年に引退し、のちニュルンベルクの交通博物館に入った）。

一九五九年、南ドイツのレーゲンスブルクとパッサウの間の電化が完成し、これで隣国オーストリア・ヴィーンからフランクフルトを経由してルール地方までが電化路線で連結する東西連絡が可能になった。

同じ年の末にユング社製客車用機関車23 105が受納されるが、これがDBのために作られた最後の蒸気機関車である。一九五〇年代はじめにはなお一万四〇〇〇台が投入されていた蒸気機関車（電気機関車は四〇〇台程度）は、六八年に主要路線における役目を終えた。「私たちの機関車は煙を卒業しました」というポスターがつくられた[36]。

路線電化は一九六三年に総計五〇〇〇キロ達成、六八年に八〇〇〇キロという勢いで進んだ。これは全路線の三割弱にあたる。六〇年代初頭には北ドイツ・ハンブルクやブレーマーハーフェンといった港湾都市とフランクフルト、ヴュルツブルクといった街を南北に結ぶ主要路線のための電化が進み、この南北幹線の電化によってDBの鉄道運営のシステム全体が近代化へと弾みがつく。六一年にはフランクフルトにIBM製の大型コンピュータが導入され、DB全体の大量のデータ処理に利用されるようになった。さらに、六八年にはDB本社でのパンチカードによるデータ処理を電子データ利用に切り替えている[37]。

また、輸送システムも近代化がはかられ、戦時期にはじまっていたコンテナ輸送への切り替えが進められた。これは小口貨物需要への対応を考えたものだったが、一九六八年には大型コンテナ専用駅が作られるにいたる。冷凍車、タンク車などの専用貨物車も新造された。[38]しかし、これらのめざましい技術革新は、もちろん輸送における鉄道の相対的地位の低下に対する抵抗であり、同時におびただしい赤字を出すにいたったDBの苦しい財務状況からの脱出を模索するものだった。

一九五〇年になお六五%の輸送を担っていた鉄道は、五七年にはすでに五二%にシェアを落としていた。経済成長で輸送量自体は倍近くに膨れ上がる中、一〇%から一七%へとシェアを拡大したのは、戦前（一九三六年）には三%程度のシェアしかなかった自動車（トラック）輸送であった。鉄道はその戦前以来、自動車輸送を将来のライバルと警戒し、四九年の時点で、高付加価値商品の収益性の高い輸送を担える自動車輸送との競争を（「ダビデと巨人ゴリアテの戦い」だと）はっきり意識していたのである。[39]

その予想はあたった。トラック輸送は一九五〇年代後半に輸送トンキロを四一%伸ばし、六〇年代前半にも三五%増とその勢いは衰えなかった。一方、鉄道はそれぞれ一〇%、二%である。調整の不景気を短期間はさみながらも依然として続く高成長による、五〇年代後半の二七%増、六〇年代前半の一五%増の輸送の拡大に対応できていないといえる。六〇年代に入り、鉄道の貨物輸送のシェアは五〇%を割り込むことが多く、六六年には四三%まで落ち込んだ。

すでに六四年を境に輸送部門でも赤字を出すにいたる。この間、石油へのエネルギー源の転換が進んだことで、戦前以来のドイツ国鉄の最も重要な貨物であった石炭輸送の大幅な減少があったことも大きい。

一方でトラック輸送のシェアは二〇%を超え、さらに航空が〇・一%を記録するようになった。人員輸送では、人キロになおしてすでに三〜四%を航空が占めるようになっていた。強力なライバルの出現に、鉄道の危機感は高まった。[40]

こうした状況で、鉄道の収支はただ一度の黒字を記録した一九五一年以降、急速に悪化した。四八年以来の累積赤字は六六年までの一八年間で累計七五億ドイツ・マルクに達した。これは当該期間の収入合計の六%相当である。赤字と対収入費は年々増加し、赤字を埋めるためには鉄道総収入の三分の一の国庫補助が必要な額に膨れ上がった。自主経営・独立採算制をとっているはずのDBに対して、現に創設以来、累計五一億ドイツ・マルクの国庫引き受けがあった。

一九六七年九月二二日、戦後初の「大連立」（与党・保守中道CDU／CSUと二大政党制の野党だった左派中道SPDの連立）政権であるクルト・キージンガー内閣の連邦交通相ゲオルク・レーバーが、「一九六八年から一九七二年にかけての交通政策的プログラム」を策定した。これは西ドイツの交通運輸全般にわたるものだったが、国鉄DBに対しては、徹底的な体質改善を求めていた。巨額の赤字を抱えながら増強をつづけた輸送力は、貨物・人員輸送のシェア低下によって余剰が目立ってきた。六七年初頭の冬季には保有貨車二八万台のうち四分の一が遊休状態にあり、秋の繁忙期にすら四万台が遊休貨車となっていた。
これは一九世紀以来、ドイツの鉄道をつねに苦しめていた秋の収穫期のキャパシティ不足による輸送パンクが、DBにいたってついに克服されていたともいえるのである。だが、それも要はライバルにあたる輸送手段の伸びのおかげであり、操車場で貨車が余っていながら国庫補助頼りの赤字経営というのでは、見通しを誤った投資だったとされても仕方がない。
いわゆる「レーバー・プラン」は、①「経営の管理と運営における厳格な組織再編、集中化、合理化によって、八万二千人の職員削減」、②「交通量の少ない不採算路線六五〇〇キロの廃止」、③「商業的、経営的、技術的観点からさらなる業績・サービス提供の改善」を要求した。③は「交通全体」「貨物輸送」「旅客輸送」のそれぞれについて、電子技術・サイバー技術の応用による自動化の促進、コンテナ輸送の充実、鉄道旅行の魅力の増進や窓口業務の簡素化、産業地域での他の交通手段との連携、などを求めていた。投資計画は連邦中期財政計画の枠内で一九六八〜七二年までに一二五億ドイツ・マルクと決められた。[41]
一九五七年以来DB第四代総裁を長く務めるハインツ・エフターリング（1903-2004）は、特に①であげられた人員削減について、社会的にも影響が大きく、数値は過大だとまず反応したが、地域の多くの反対はあるだろうとしながらも不採算路線の縮減には基本線で同意し、戦前以来の鉄道管理局一六を一〇程度に減らすことも考えているとした。[42]
プランにある「一九七二年」が石油ショックの前年、すなわち「経済の奇跡」と呼ばれた歴史的な高成長持続のほぼ最後の年になることを、この時点で予期できるはずがない。

石油ショックと東西ドイツ国鉄

一九七二年には前年の世界経済秩序の動揺からの回復で世界的に景気が過熱し、先進国の石油エネルギー依存という需給関係だけですでに原油価格が上昇傾向にあった。七三年一〇月、第四次中東戦争をきっかけに中東産油国は供給削減と大幅な値上げを断行、第一次石油ショックが起きる。

石油ショックのなかで、西ドイツを含む西側先進国では特に、自動車に対して鉄道輸送がさまざまな優位をもつと主張されたことは間違いではない。そのなかには、環境問題上、エネルギー効率のよい大量輸送である鉄道には意義が大きいという今日的な主張も含まれた。

しかし、「鉄道が未来の交通発展の一重心である」というDBサイドの期待は、まずは外れた。[43] SPD政権ブラント内閣の大蔵大臣ヘルムート・シュミット（のち首相）は、一九七四年にDB首脳部がうちだした投資計画を強く批判した。

DBの支出総額から収益額を差し引いた部分、すなわち赤字は一九七〇年代に入り全支出の三割台相当にまで高まり、なお増え続ける一方である。にもかかわらず、DB総裁が報告するように、投資による規模拡張・拡大を通じて自動化と集中という合理化に至る結果、八〇年代には財務健全化が実現するなどと信じられようか。あたかも「万能薬」とばかりに大規模投資をおこなえば、総支出・赤字比が四割弱にまで跳ね上がることになる――と、一九七二年にエフターリングの後を継いだ第五代総裁ヴォルフガング・ファエルスト（1931–2015）以下の経営の責任を問うのである。DBはこれ以上納税者に負担とならないように、人件費を含めてコストの推移をもっと考えよ、というのであった[44]。

しかしながら、一九七〇年代初頭にリニアモーターカーをはじめとする、より未来志向の技術開発に踏み切り、それをここでも継続させたのは、鉄道業の将来にとって持つ意味が大きかった[45]。

一方、DRも世界的な原油高から打撃を受けていた。

一九七一年四月、ソ連のレオニード・ブレジネフ書記長の後援をうけたエーリッヒ・ホーネッカーがウルブリヒトから実権を奪った。ウルブリヒトが進めていた東ドイツの「新経済システム」路線を警戒するソ連の意思を汲んだものだった。計画経済の枠内で現場の自由裁量をある程度みとめた「新経済システム」は、一定の成果をあげていたといえるが、これを否定してソ連型の国営企業を中心とする計画経済を強化した。同時に、ソ連からの原油供給を基盤に、石油化学産業や電機産業に重点をあらためて置いた。さらに、中央計画当局への不満を緩めるために、国民生活に直結する消費財産業にも資源と技術開発努力を傾注している[46]。

この流れで、道路整備を優先し、消費財としての自動車生産にテコ入れしたことは、DRにとっては有利な動きとはいえなかった。[47] とはいえ、東ドイツにおいては貨物陸上輸送の八割以上は依然鉄道によるものであり、この点でDBとは抱えている問題が異なる。DRとしては、なにより遅れている設備近代化を遂行したい。

ホーネッカーの政権奪取の準備が着々と進んでいた一九七〇年末に一線を退いたクレーマーにかわり、第五代DR総裁・交通大臣には、オットー・アルント（1920-92）が副総裁から昇任した。戦前はライヒスバーンの機械工として教育をうけ、復員後はソ連占領区のSPD党員としてKPDとの強制的合併によるSED結党に積極的に関与、その後DR内で順調に昇進した結果、東ドイツにおける最後の交通大臣兼DR総裁となる。それから一八年にわたる長い在任中、しかし、アルントが何かのリーダーシップを発揮した形跡はないようである。また、ホーネッカー体制時の政治局の強化された指導のもとでは、その余地もあまりなかった。[48]

一九七〇年代半ばころまで、DRは近代化にある程度の成果を上げたとも評価される。路線工事の機械化がこころみられ、懸案だった幹線の複線化がようやく完了、さらに複線は伸びた（七七年まで複線は約一〇〇〇キロ増）。しかし一方で、路線電化計画は停滞した。西側の高価な技術導入の費用を充分にまかなうことが、計画経済で必ずしも優遇を受けていない鉄道では難しかったからである。そのなかで鉄道無線の導入をなんとか進めたのは立派だったといえる。車輛については、客車数は微増したが、そのうちの気動車の台数は低下した。西側並みの高速化はうまくいかないままだった。ホーネッカー体制で必要な投資と研究開発がなおざりになり、六〇年代以来の「成果」が不徹底のまま、近代化の遅れは固定し、石油危機のなかで決定的なものとなる。設備の老朽化が目立ってきた。生産性の低下は著しい[49]。

一九七九年から、石油ショックの影響は目に見えて甚大となった。ソ連原油供給の停滞により、東ドイツ経済自体がエネルギー危機におちいった。DRでは蒸気機関車への回帰もおこなわれる。DRでは結局、東ドイツの終焉まで石炭を使用した蒸気機関車の使用が途絶えることはなかった。とはいえ、西側のDBですら「石炭への回帰」が一時、唱えられてはいた。だが、ここでDRが技術革新を怠らざるをえなかったことの影響は、八〇年代に露わになる。

第5章 ドイツ・ライヒスバーンの遺児
——東西ドイツ国鉄の人びと

鉄路の女性たち

鉄道業で働く女性のはじまりは、実は古い。一八三〇年代というドイツ語圏の鉄道の最初期から、路線建設工事には女性労働者の姿が相当多数みられ、名も知られていないその一人の工事現場での後姿の写真も残されている。

しかし鉄道の運行に女性が携わることはその後ほとんどなかった。鉄道が会社組織を整備し、また邦有鉄道として官僚組織のなかに組み込まれると、鉄道の業務と女性とはそぐわないという考え方が一九世紀後半には広まる。女性には肉体的な限界があるという考え方と、官僚組織からの伝統的な女性の排除がともに働いた。

そうした偏見、先入主が揺らいできたのは、一八七〇年代以降である。まず、父親、夫、兄弟といった家族の男性が踏切番などの生活に密着した現場に働く鉄道員であった場合に、家業の補助として女性「も」働く場合が考えられた。これはプロイセン国鉄からはじまったが、人口が粗放な東部ドイツなどの地域に最も長大な路線があり、人手不足だったからかもしれない。世紀転換期には、バイエルン邦有鉄道も女性官吏・職員の採用を制度化した。ただし結婚退職が条件であり、鉄道職員においてもいわゆる「女官吏の純潔（Beamtinnen-Zölibat）」が当然視されていた。

状況を決定的に変えたのは世界大戦である。二度の総力戦では、兵役についた男性鉄道員を補充する（安価な）労働力として女性に目がつけられた。

第一次世界大戦後、戦間期には復員した鉄道員の雇用が最優先されて戦時期の女性労働力は切り捨てられた。たとえばタイピストや電話交換手といった「女性の職業」の中に、鉄道の現業は入らなかったのである。

その後のナチ時代には、女性に子を産み育てる母親と主婦の役割しか求めない人種主義優先のナチ・イデオロギーの影響で、女性は真っ先に鉄道業の現場から追われた。一九三〇年代初頭の大不況による大量失業が解消したのは、しばしばヒトラーの功績ともされるが、その裏面には「働くべき者——青年以上の男性——以外は働かせない」というナチ式の理屈があった。所詮は身勝手なもので、そのナチが起こした第二次世界大戦が長期化し、大量の男性が兵士として戦地に流出すると、女性労働力がやがて大々的に募集されるようになった。鉄道業においてもそうである。

一九四三年末には、後方の駅務を中心に二万人弱の女性が当時のドイツ国鉄・ライヒスバーンに雇用されていた。この大量の女性労働力を戦後にどのように扱ったかで、西ドイツ国鉄（DB）と東ドイツ国鉄（DR）は好対照だった。

大戦後の復員で男性が戻ると、戦間期のように女性を退出させたのは西ドイツのDBのほうだった。復興期の西ドイツ社会全体が、女性の労働市場への進出に対しては市民社会的な保守性を貫き、積極的ではない。DBもまた、少数の客室乗務員や事務補佐、清掃労働以外に女性を積極的に雇用することはなく、車掌や運行監督など運行の現業の一部で職員として正規ルートに乗せたのは、一九六〇年代半ばすぎてからであった。女性労働はDB従業員全体の五％ほどである。

一九七〇年代には、女性の職員登用の制度こそ徐々に整備されたが、景気後退で失業率が跳ね上がると、女性の就業にはマイナスに働いた。結局一九八〇年代末まで、DBには六％程度しか女性従業員はいないのである。絶えず「合理化」の名目で人員削減を迫られ、一方で強力な労働組合がこれに抵抗したDBにとって、女性労働の増加はずっと視野の外に置かれることになった。

西ドイツ国鉄とは対照的に、東ドイツ国鉄（DR）は女性を積極的に雇用した。技術革新による合理化が不足し、人手不足を補う必要がずっと続いたからである。ソ連占領区の鉄道では女性労働が用いられ、男性と同一の賃金があたえられた。ただし復員者があった場合は、女性がそのポジションを明け渡すのが普通であった。

とはいえ、当初から二五%を占めた女性従業員は、当座しのぎの手段としてではなく、DRでも主要な労働力でありつづけた。鉄道業務のほぼ全ての分野で男性と変わりなく雇用されている。西ドイツと比較したときの東ドイツの女性労働の大きさは女性解放と同権化の証拠として、社会主義の優位を主張する一材料として喧伝された。女性の職場進出を支援する制度整備において、東ドイツは——「女性の楽園」とは決していえないものの——たしかに「ほんのわずか一歩先」を行っていた。[1] 一九八〇年代にはDRの全従業員の四〇%が女性になっている。ただ、東ドイツの女性の社会進出も、家父長制的な国家による後見という考えによる、あくまで恩恵主義的な諸制度に依存せざるを得なかったものだとはいえる。これをどう評価するかは難しいが、ここからみるかぎりでは、彼我の差はあるいは程度の問題でしかなかったかもしれない。

そして国鉄の幹部職員に女性がほとんどみられないのは、東も西と変わりがなかった。鉄道高官たちは、ともに男の世界に生きつづけていた。[2]

貴重な例外は、一九八二年、東ドイツ国鉄のシュヴェリーン鉄道管区長官に就任したレナーテ・フェルシュ（1938–）であろう。労働者の家に生まれ、駅業務の実地教育を受けて働きながらゴータの技師学校を卒《お》えた、たたき上げの鉄道人であった。豊富な実務経験を積んだのち、一九六五年にギュストロー（現在メクレンブルク・フォアポメルン州）鉄道局長に、史上初めて女性として就任し、男社会にセンセーションを巻き起こしている。彼女はその後、副長官を経てシュヴェリーン鉄道管区長官になったが、単なる「表看板的な女性」ではなく、路線電化の進行や路線整備などで業績をあげた。ＳＥＤ党員としても栄達をとげ、一九八一年には人民議会のメンバーになっている。長官職は九〇年までつとめ、ＤＢとの合併をひかえたＤＲの重役の一人として九三年まで現役であった。[3]

ちなみに、一九九四年にＤＢとＤＲとが統合されたことで一八％強の女性従業員比率をもつにいたった統一ドイツ国鉄「ＤＢ　ＡＧ」で、女性重役が初めて誕生したのは、二〇〇五年のことであった。二〇二〇年までに女性重役は二人に増え、従業員比率は二三％となっている。[4]

ドイツ・ライヒスバーンから引き継いだもの――ＤＢの場合

一九五五年秋、南米アルゼンチンで軍事クーデタがおこり、当時のファン・ペロン大統領が国外逃亡した。映画にもなったミュージカルの主人公、エビータことエバ・ペロンの夫であり、独裁的な統治をおこなっていた人物である。食糧輸出国アルゼンチンの経済的地位が戦後後退するなかで、次第に強権的な政治が行きづまり、一時失脚したのだった。

これをうけて、ひとりのドイツ人が同年末、分断された母国に一〇年ぶりに帰国した。その名は、アルベルト・ガンツェンミュラー。ファン・ペロン大統領は私鉄企業を国有化してアルゼンチン国鉄を創始したが、ガンツェンミュラーはそのアドバイザーをつとめていた。ナチス・ドイツ崩壊後、連合国の手からペロン大統領が庇護した少なからぬ数のドイツ人亡命者のひとりであった。ナチス・ドイツ時の職階はライヒ交通省次官。交通大臣兼ライヒスバーン総裁ドルプミュラーの副官で、電機関係に強い技官出身者であった。独ソ戦以降に急速に頭角を現し、敗戦後は占領軍によって戦犯容疑で逮捕されたが、あやうく脱出していたのである。

大戦期にライヒスバーンがハインリヒ・ヒムラー以下の親衛隊とその隷下にある国家保安本部から委託された、ユダヤ人の絶滅収容所への強制移送を「デポルタツィオーン」と呼ぶ。ガンツェンミュラー次官は、ライヒスバーン高官としてその実施にただ一人はっきりと関与した記録を残している人物であった。

そのガンツェンミュラーは西ドイツに帰国すると、鉄鋼メーカーの幹部職員に迎えられ、輸送関係の仕事に就いた。一九六八年に年金生活に入っている。

さすがにDBに復職はしなかったが、西ドイツの鉄道業の周辺で生きることはできた。ガンツェンミュラーは一九五八年には不起訴処分をいったん得ている。再度裁判の場に出、虐殺への関与を否定したのは七三年。七七年に被告の高齢による健康状態を勘案して裁判は打ち切られた。[5]

すでに述べたように、DBではナチス・ドイツ時代の経歴の問題を高官・幹部職員に厳しく問い、追放や罷免をおこなったわけではなかった。つまり「非ナチ化」は進まなかった。このため、技官も含め、大量の旧ナチ党員や戦時中の高位職員が残ることになった。初代DB総裁ですら、非ナチ化の観点からは疑いを逃れられなかった。

結果としてDBには、ドイツ・ライヒスバーンからの人的連続性が、技官を除く高官の大半で「非ナチ化」を徹底したDRと比較すると、強く残ったといえる。

このことは、第二次世界大戦の歴史的事実にDBという組織がどのように向かい合うかに影響を与えずにいられなかったはずである。

一九六〇年はドイツ鉄道一二五周年にあたる。ドイツ語圏初の鉄道がニュルンベルク―フュルト間を走った一八三五年一二月を記念して、大統領を招いて祝賀行事がとりおこなわれた。ハインリヒ・リュプケ第二代西ドイツ大統領は「苦しい戦時と戦後を、しばしば自己犠牲のもとに黙々と忠実に義務を果たした、全ての鉄道業の人びと」に感謝をささげてみせた。

なおリュプケ大統領自身が、戦時中の建設業で強制労働の使用や収容所業務への関与があったと東ドイツ政府から攻撃を受けていた。続くゼーボーム交通相、エフターリング総裁らのスピーチで、戦時中に触れたものはない。同じニュルンベルクで二五年前（一九三五年）、当時のヒトラー総統を招いて鉄道一〇〇周年の大々的な鉄道パレードがおこなわれたことに触れる者も、もちろんなかった。[6] 一二五年を振り返る通史的な記事は『鉄道年報』に掲載されたが、戦争については、鉄道が被った被害の数値を列記している。ナチ時代のライヒスバーンについての叙述はほぼないといってよい[7]。

こうしたナチス・ドイツの過去、とりわけ加害経験の無視は、一九六〇年代いっぱいはＤＢの組織内で持続した。六〇年代の世界的な学生運動の盛り上がり、すなわち「六八年運動」に揺れる西ドイツでは、「親父たちはそのとき何をしていたんだ?」というスローガンがあった。戦後生まれの当時の若者が上の世代の戦争責任を問う、一種の世代間闘争の側面を濃厚にもった。

しかしこうした思潮は、西ドイツ国鉄（ＤＢ）にはすぐには影響を与えようがなかったらしい。戦前のライヒスバーンの国際的名声を築いた「偉大な鉄道人」ユリウス・ドルプミュラーの生誕一〇〇年をなお総裁が称え、ＤＢが管理費用を出した墓所に六九年にはゆかりの鉄道人が参集している。ドルプミュラーには「死への特別列車」の運行について直接的な命令の記録がなかったが、それ以外の総裁在任中のナチへの迎合的な態度や戦争協力も、その当時としてはやむを得ないものだと思われた。それどころか、むしろ、ナチの横暴から鉄道業を守り抜いたというイメージが作られていた。戦後のＤＢ再建を担ったドルプミュラーのかつての部下たちには、そのほうが都合よくもあったのである[8]。

組織トップや中枢のこの人的な連続性は、ＤＢという組織を戦前以来のドイツ・ライヒスバーンの後継者にした。多くのものを引き継いだし、引き継ぐことがＤＢの再建のみならず発展そのものであったようでもある。

ヨーロッパ鉄道網への参加にせよ、あるいは三等車の廃止にせよ、高速化にせよ、電化にせよ、DBのめざましい発展は、量的・規模的に戦前をはるかに乗り越えても、「復興」であった。先進的だったドイツ・ライヒスバーンが戦争で中断してしまった課題を引き継ぐことは、明らかに意識されていた。

たとえば高速化である。一九七一年には急行列車網インターシティ(IC)により、新鋭のスター列車が西ドイツの主要都市を結び、二時間間隔で運行されるようになった。そこでも、戦前に時速一六〇キロ定期運行を実現した三〇年代の高速化時代の復活が、まず意識されていた。[9]

そして、当人たちが好むところではなかっただろうが、ナチ期・第二次大戦期のライヒスバーンの「達成」も引き継ぎ、発展させた側面も否定できないのである。ライヒスバーンの誇った(DB時代にもなお働いた)05系蒸気機関車が叩きだした当時の世界レコードはナチ期につくられたものだが、高速化の「継承」もそれだけではない。

ギュンター・ヴィーンズというベテラン技官の名を、本書は既に出した。一九六〇年代前半、DBの将来の高速化について、時速二〇〇キロ台も技術的にもはや可能という見通しを述べていた人物である。このヴィーンズは、今日、幻の「ナチス・ドイツのスーパートレイン」の計画として知られる、ヒトラーが夢想した超広軌列車計画の実質的な責任者であった。[10]

独ソ戦さなかの一九四二年一一月から翌四三年三月に、ヴィーンズ技師は「軌間三メートル(当初のヒトラーの指示では四メートル)」の線路を走る巨大な列車を、ナチス・ドイツが獲得するはずの欧州大陸東方の広大な領土に時速二〇〇キロ以上のスピードで走らせるという計画の概要をまとめた。使用されるべき機関車の候補のひとつ「33番」ことヘンシェル社設計の急行列車用ディーゼル電気機関車は、軌間三メートル、動輪径一・八メートル、従輪径一・二メートル、全幅五メートル、全高六・六五メートル、全長六〇メートルという巨大なもので、最高速度時速二五〇キロの性能をもった。

超広軌列車は、そのボリュームを生かした、内部に映画館すらあった無駄なまでに豪華な設備――いっさい実現しなかったが――で好事家に知られる。ドイツから東方の「生存圏」（ドイツ民族の自給自足を可能とする食料・原料等の供給源となる植民のための土地）とされた地域まで一昼夜以上かかるので、ドイツ人の貴紳淑女に長旅を疲れさせない施設が必要だというのであった。だが、それとは好対照に、東部からのスラブ系外国人労働者（「東方労働者」）を輸送するための専用車両も設計され、ヴィーンズはそれも計画書にきちんと記載した。[11]

独ソ戦以降の軍需大臣シュペーアは、戦争経済のために、東西問わず占領下の諸国・諸地域を過酷に絞りあげた。ナチの人種イデオロギーからいえば「下等人種」である東方労働者はそのように使われるべきであり、ナチの思い描いた「戦後」でもそうあるべきであった。超広軌鉄道計画は、そのための専用の列車も用意したのである。「下等人種」である東方労働者は、ドイツ社会においては隔離される存在だからである。

東方労働者専用列車は計画では七輌編成。貨物・郵便・自動車運搬車のほか、長さ四一メートルの六輌の昼夜兼用東方労働者専用客車をつなぐ。二階建ての各車輌は四八〇人乗りで、六二のコンパートメントに分かれている。向かい合ったベンチ・シートの長さは二三〇センチで、ここに大人四人が座る。通常の三等車席よりは広く、ひどく詰め込まれているわけではない。しかし、長時間だ。夜行列車として使用するときには背もたれと荷物棚を外し、奥行き七〇センチのベンチ・シートに二人が並んで寝られるようにもしていた。[12]

　この東方労働者の移送と、戦後西ドイツの「ガストアルバイター」と呼ばれる南欧やトルコからの外国人労働者——彼らもまた、列車の長旅でやってきた——とを無条件に重ねてみせることはできない。だが、安価な外国人労働力に依存する工業経済の成長という点で、ある時期までの西ドイツ経済に戦時期との相似があったことは事実である。[13]

　敗戦を生き抜いたヴィーンズ技師が、かつてさんざんに苦労させられ、敗戦直前まで手を入れつづけた幻の超広軌鉄道の計画書を公にすることはなかった。ナチス・ドイツの人種主義を露骨に具現化した客車設計が、計画のまとめ手である彼の戦後の思想となにかの関係をもつのかどうかも、したがって判断しようもない。しかし、ＤＢ本社機械技術・資材調達局長が高速化への自信を示したとき、その言明を支えていたのは、あきらかにナチ期に得た経験なのであった。

ドイツ・ライヒスバーンから引き継いだもの――DRの場合

東ドイツ国鉄（DR）はナチス・ドイツ以前のドイツ・ライヒスバーンからその名前以外に何を引き継いだといえるだろうか。いくばくかの資産の権利を主張して、それを得た。たとえば食堂車・車内販売サービスの業者名「ミットローパ」の名もDRが引き継いだ。西ベルリンにおけるSバーン路線施設もそのひとつであった。

ナチス・ドイツ時代の罪責は、受け継ぐことを拒絶した。これは一九六〇年代以前のDB以上にはっきりとそうであり、DBと違い、七〇・八〇年代にもこの態度で一貫した。東ドイツ全体が国家として「ナチス・ドイツの被害者である労働者と農民の国」という建前をもつ以上、国家機関DRも非ナチ化の後は当然そうあるべきだった。非ナチ化が技官では不徹底であり、現業職員・労働者についてはほとんど問題にされなかったのは、DBと同様であった。[14]

「全体主義」という問題にここで触れることは難しい。「左」「右」、あるいはソ連型社会主義とナチズムという政治思想やシステムの違いを度外視して両者を一視同仁するのは、なにものかに対する正確さを犠牲にするだろう。だが、独裁国家の強権体制下の国鉄としてかつてのドイツ・ライヒスバーンが抱えた困難や問題は、やはり東ドイツ国鉄（DR）のほうに端的に引き継がれたというべきであろう。

単一政党によって支配される国家機構のひとつとして、DRは完全なコントロールの下に置かれ、計画経済のなかで自発性や自律を厳しく制限された。しかも、資源の割り当てでは絶えずほぼ冷遇された。そのくせ、責任を追及される際の人事的な処遇については、初期には特に過酷だった。ナチス政権成立直後のライヒスバーンに重なるといえなくもない。国家統治体制のなかでは従順なトップによって、彼本人やスタッフの確固たる地位と安全の保証と引き換えに、多くのものが犠牲になったことも似ている。

そしてDRは、鉄道を政治的迫害の場にすることでは、ナチス・ドイツ時代のライヒスバーンを引き継ぐところがあった。

もちろん迫害の規模だけとっても、ナチス・ドイツと東ドイツとでは比べものにはならない。だが、建国から崩壊にいたるまでの四〇年で、東ドイツで政治犯とされた囚人は少なくとも一七万人、数え方によっては二八万人いたとされる。それらは「国家反逆」や「扇動」、あるいは「共和国逃亡」すなわち脱出といった罪状であり、一九六〇年代には十数パーセントを超える高い率を占めた（七〇年代以降は、「共和国逃亡」が急増した八三年を除いて数字は低下している）。それら、西側では罪に問われないはずの政治思想犯に対しても、苛酷な労働刑が課された。

そしてDRは、線路敷設や路線杭打ちなどの土木工事、修理工場での単純労働などに徒刑の囚人を大量に利用した。DRは年平均で五〇〇〇人ほどの囚人労働を利用していたことになる。これはおよそ二六万人という職員・労働者数からすると、限られたものにみえる。また、その数が不安定で事前に読めない以上、計画経済にも本来はそぐわない。だが、全般的な労働力不足の解消にはつながらないとはいえ、囚人はハードな現場に苛酷なノルマを課して投入できる存在だった。

一九六六年には、ベルリン周辺の線路工事に従事する三四〇〇人強のうち六・四％が囚人労働で占められていた。たえず労働力が不足していたDRにとって、きわめて安価に苛酷な作業を強制できる囚人労働者は願ったりかなったりどころか、計画達成のために不可欠の存在だったのである。東ドイツという国家による文字通りの搾取がそこには続いていた。

政治犯は数年の懲役を科されるのが普通であったから、絶滅収容所に送られたナチス・ドイツの被害者とはわけがちがう。とはいえ、苛酷な労働現場に強制的に投げこまれた囚人労働者の個々の苦しみまでも小さいものだったと言ってはならないだろう。

ナチス・ドイツ時代のライヒスバーンからDRだけが受け継いだのは、鉄道が国家権力によって無辜の人びとに苦しみを与える一装置となった側面であった。ちなみにDBは囚人護送専用車輌というものを一九五〇年代にはもたなくなったが、DRは三〇年代の独房車輌を改造し、さらに新しい護送列車も開発、最後まで運用した。[15]

「壁」のなかの西ベルリンSバーン（1）

やや時期をさかのぼって、「壁」建設から一九八〇年代がやってくるまでの時期の、DRの組

図表5-1　ベルリンSバーン路線図

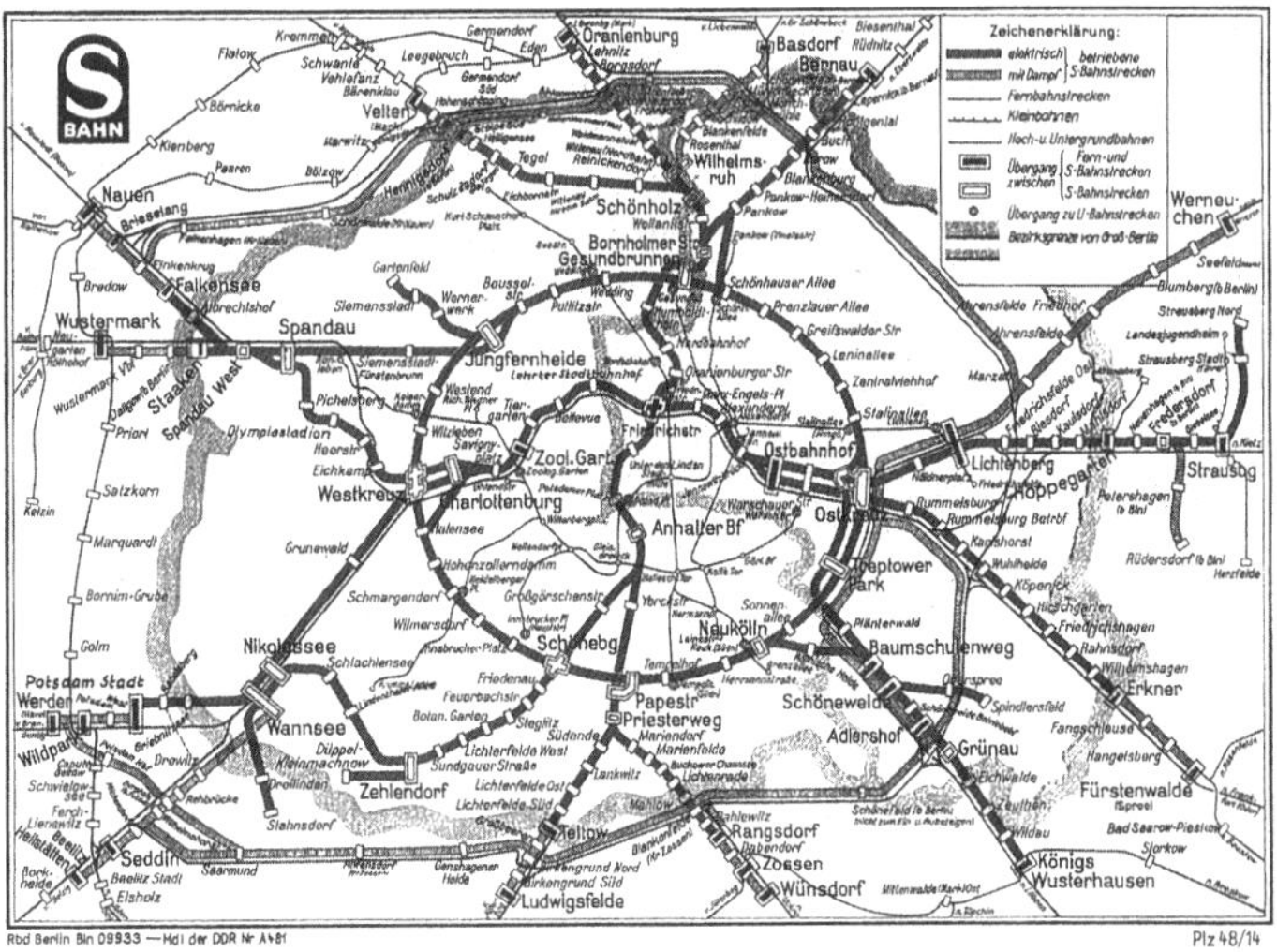

織内部に目をむけておきたい。とくに、東ドイツ政府が「壁」に押し込めた西ベルリンになお走らせ続けたのが、市街電車Sバーン。その職員たちの生の声を拾い、これによって全般的な観察に代えようと思う。それらは、DRの実態を現場の人間が最もあけすけに述べている記録といえるからだ。

東ドイツ社会のなかで暮らす人びとの声を、組織の中から拾い出すことは難しい。たとえばすでに本書で私たちが覗いた公文書記録にみられるように、西側にいったん脱出後、帰還した鉄道関係者たちの言辞の複雑な屈折や裏表は、第三者にはなかなか容易に読み解けない。

かつて東ドイツ（DDR）社会をあらわす際によくいわれた「壁がん社会」で

あれば、これは当然であろう。東ドイツ社会は、市民が公的な領域では体制の支配を受け入れつつ、家族や個人といった私的な領域を切り離し、それら厚い壁のくぼみ、すなわち「壁がん（ニッチ）」に退却することで社会が安定的に存在していたのだとされた。こうした「壁がん社会」論に対しては、住民と体制との頻繁な交渉を通じて、知らず知らず東ドイツ社会という「ミツバチの巣」が修繕されていたという把握や、東ドイツ住民の当局による頻繁な「請願」を通じた政治的発言の日常化の指摘があらわれている。[16] これらを考えても、なお彼ら東ドイツ住民の発言の読み解きにくさは否定できないと思われる。

だからこそ、皮肉なことに、東ドイツの抑圧的な体制の中枢にある国家保安省は、全く別の意図で後世の私たちと同じ関心を抱き、住民——鉄道員なら鉄道員——の本音を熱心にさぐっていた。それらから、たとえば一九五〇年代に頻発した鉄道事故の大きな一因が、職務時間中の飲酒の横行だということなどがわかる。[17] 秘密警察の調査は、人びとが築きあげた、体制に対する防御の殻を切り崩そうとしていた。だがそれは、誇大にイメージされがちな秘密警察の実際の規模や機能からしても、容易なことではなかった。

そうした固い殻があまり必要ない場所で、DRの労働環境——それは東ドイツ体制そのものといえたが——に対する赤裸々な感想を口にすることができたDR職員たちがいた。「壁」建設による分断固定後の一九六〇年代以降、一層特異な地位におかれた西ベルリンSバーンとその関連施設（ライヒスバーン修理工場：RVW）に勤務する鉄道員である。

一九六一年夏以降、ベルリンSバーン路線網は市内の東西で分断され、東ベルリンの国境審査駅である「フリードリヒシュトラーセ」駅でかろうじてつながっていたにすぎない。だが、孤立した西ベルリンにおいても、東ドイツ国鉄（DR）がSバーンの諸施設と車輌等の設備を所有し、運行を続けた。DRがそこで職員・労働者として雇用したのは、西ベルリンの住民である。彼らはまぎれもない西ベルリン市民でありながら、市当局が公的にボイコットを呼びかけている西ベルリンSバーンに勤務し、当然のことながらDRから賃金を支払われていたのである。その意味では、いわば西ベルリンに住む東ドイツの労働者であった。

彼らの問題関心や意識はどのようなものであったかを確認してみよう。

一九六三年から六七年にかけて、DRベルリン鉄道管理局政治局（DR Reichsbahndirekiton Berlin, Politabteilung）が作成した「挙証（Argumentation）」「査定（Einschätzung）」と題された内部文書があり、「査定」については「秘（秘密公文書：Vertrauliche Dienstsache）」扱いである。[18]

一九五四年一一月、それまでのライヒスバーン・Sバーン局（Reichsbahnamt S-Bahn）はベルリン鉄道管理局（Rbd Bezirk Berlin）の新設五番目の局として再編された。当時西ベルリンで一六〇〇ヘクタールの用地、七七の駅、二五の貨物駅、一五の事務所、二修理工場を管轄した。一九六一年八月の「壁」建設以来、西ベルリンのライヒスバーン運営には、ライヒスバーン・ベルリン第四局（Reichsbahnamt Berlin 4. 以下、四局）がこれにあたることになった。四局は西ベルリンにある駅と東ベルリンの「フリードリヒシュトラーセ」駅を管轄した。四局の構造は他の部局と変わりなく、局長は運営長（Betriebsleiter）であり、業務監督と交通監督、機械技術担当ならびに建設担当のエンジニアがスタッフであった。

一九六三年一二月四日付のベルリン鉄道管理局政治部作成の「挙証」は、西ベルリンSバーンとその勤務者に対するDR当局の姿勢を公的に明らかにするものであり、西ベルリンSバーン勤務者に対して公表された文書である。[19]

この時期、東ドイツは「壁」建設によって一九五九年から六一年までの体制の危機的状況を鎮静化していた。六三年初頭の第六回党大会後、「国民経済の計画と指導のための新経済システム」を標榜して経済システムの近代化（科学技術開発の促進とともに、一部企業の自律化の容認など）を図るなど、安定を内外に印象づけている。[20]

一九六三年一二月四日付「挙証」も冒頭で、この一定の安定状況を言明している。「西ベルリンにおける我々の人民所有企業たるドイツ・ライヒスバーン」が責務として果たしている「確実かつ定時のSバーンならびに人員輸送と西ベルリン住民とその経済のために物品輸送によっておこなっている扶養供給」たる積出業績は、一九六三年には対前年比で一七・三％の増加をみた――と、まず誇示する。そのうえでDRは「西ベルリンはドイツ・ライヒスバーン、すなわち東ドイツ（DDR）と西ベルリンにおけるひとつづきの線路なくしては存在しえないことは、誰にとっても確かなことである」と自信を示すところからはじめる。こうした貢献に対して鉄道勤務者にベルリン鉄道管理局と東ドイツは感謝の意を伝えるとした。

そのうえで、にもかかわらず西ベルリンでＤＲへの中傷誹謗がおこなわれていることを批判する文が続けられる。人民所有企業ＤＲを「目の上のたんこぶ」とする「（ヴィリー・）ブラント氏（当時西ベルリン市長。のち西ドイツ首相）とその市庁は、反共主義をもって、独占資本家に屈服した、大衆に影響力のある手段を用いて、勤労者に敵対するその政策を糊塗せんとしてきた」のであり、「年来、西ベルリンの労働者はドイツ民主共和国と共産主義者に対する中傷と誹謗の集中砲火にさらされてきた」として、「冷戦」的なその態度を改め、東ドイツの提言に沿って平和的な対話姿勢をとるべきだと批判する（ページ番号１－２）（以下、カッコ内の（３）などは各文書ごとにつけられたページ番号を示す）。

独占資本が支配する西ドイツと違い、「すでにコンツェルン権力者のいない」、すなわち労働者階級の犠牲で豊かになりつつも労働者を「感謝の言葉とともに路上に放り出す」者どもがいなくなった東ドイツ体制に労働者が満足すべきだ、と「挙証」はまず述べる。ここで再び西ベルリンのＤＲに勤務し、生存を確かにしている各鉄道員の誇りと満足を説くのである。ところが、西ベルリン市庁と西ベルリンの鉄道当局は、「われわれＤＲ」と「労働者と農民の国」である東ドイツがかつて一度もやったことのない、「鉄道員からその職場を奪う」行為を何度も繰り返した。

さらに、一九六一年八月一三日の「壁」建設時の西ベルリンにおける反応を蒸し返して、怒ってみせる。その言い分では、「壁」建設当日以来の、東ドイツ官許労組ではない「独立労働組合反対派一揆」は、西ベルリン鉄道当局と市庁が賛成したSバーン・ボイコット、「無意味で激烈な車両や施設に対する破壊」の形をとり、「西ベルリン鉄道当局と市庁により動員された、くだらない若者たち」による直接の暴力的行動によって「その汚らしい目的を果たそうとする」ものであった。鉄道員の「独占企業とブンデスバーンへの」引き抜きにより、彼らの物質的・イデオロギー的堕落も図られたという（3）。

同時に西ベルリンでは生活必需品の物価騰貴が起きていると指摘する。それによれば、一九五〇～六三年に物価は三五％上がり、うち食料品三二・七％、家賃四六・三％、家財道具三一・一％、衣服二三・三％の上昇であり、パン、ミルクなどの物価上昇は西ベルリン住民の生活を圧迫しているとする。「挙証」によると、その原因は西ベルリンの「一面的で、まったく道理に反したボン国家とのつながり」にある。「ボンの諸法律は無条件にベルリンに適用され、西ドイツとの経済的つながりによって、その上昇する軍備負担（一九六三年＝一八〇億ドイツ・マルク）も西ベルリン勤労者に転化されているのである」（3－4）。以上が、「挙証」の前置きとなる現状把握であった。

ここから、こうした西ベルリン市がもたらした状況を打開するため、「鉄道管区労働組合本部がベルリン鉄道管理局ならびに政治部との連携のもと、また東ドイツ国家権力諸機関の理解のもとで」「鉄道員の生存を確保しその生活条件を常に改善する」ためにとってきたという、さまざまな措置を列挙した（5－6）。

それらは、西ベルリンSバーン労働者に対する賃金や報奨金、諸手当を「西マルク」ことドイツ・マルク（DM）による支払いを主軸にするものだった。ドイツ・マルクは東ドイツ・マルクの四倍以上の価値をもつ。

これらにくわえて、将来の年功による賃金上昇が計画された。これは勤務年齢に応じて七段階に分けられ、職務経験とDRとのつながりを重視しておこなわれるものとされた。この「勤務年段階（Die Dienstaltersstufen）」制度は、西ドイツのDBでおこなわれている「勤務年追加手当（Die Dienstalterszulagen）」制度とは異なることが主張される。

「資本主義国」におけるそうした制度は「一定の職務グループを優遇し搾取階級に結びつける」ためのものであり、現にDBでは官吏（職員 Beamte）と労働者の待遇の差があるが、東ドイツの組織であるDRの「社会主義的社会秩序」にそうした施策はそぐわず、したがって勤務年に応じて、職階が「機関士であろうと路線工事労働者であろうと、運転主任であろうと操車夫であろうと部局長であろうと」まったく同一の給付額が支払われるとする。想定される具体例は図表5－2のとおりである（8－9）。

さらに「見逃すべきではない」各種勤務への特別手当や、休暇の一二日間から一五日間への日数増、見習い・実習生への手当などがあった。

「このような鷹揚な方策が示すのは、過去、労働組合、党、そして経済幹部が、労働者と農民の権力は誇り高く働く鉄道人を決して見捨てないと言明していたことが、いかに正しかったかである」。この社会主義体制には賃金闘争は無用であること、鉄道人はDRと東ドイツ政府に感謝すべきであり、東ドイツの「平和維持、平和的共存、交渉を通じての理解と善隣的関係の樹立にむけての戦い」に貢献せねばならない――と体制への忠勤をもとめ、特に「西ベルリン市庁が全ての平和的な西ベルリン市民のための政治をおこなう」ように力を尽くさねばならない、とした(9-10)。

注目すべきは、「小心な鉄道従業員」の誤りを批判している一文が含まれている点だろう。「同僚を見捨て、その仕事とともに確かな生存も投げ捨ててしまった」(9)。要は離職ないし逃亡した鉄道員たちへの非難であった。本書「第3章」でみたとおりの、「寛容」に許された元共和国逃亡者への処遇があったのは、この点からも不思議に思える。

東ドイツ国鉄当局は、体制とその施策の自画自賛の評価と西側の「資本主義」体制批判とを重ね、苦しい生活状況にある西ベルリンSバーンの従業員に忠勤を求めていた。

西ドイツ経済との格差の拡大にはとくに目が向けられている。だが、それは少し妙な具合にであった。一九五〇年代から六〇年代の西ベルリンにおける物価上昇を問題視するが、ここにはあきらかに「経済の奇跡」と呼ばれる西ドイツの高成長の反映という側面も持っていたのを無視している。

「挙証」では、賃金水準の東西間比較などを避けた。そして、この点の問題解決の方策には組織レベルでも触れず、当局の努力による恩恵的福祉の実施を列挙し、従業員を鼓舞するにとど

図表5-2　勤務年段階（Die Dienstalterstufen）による賃金上昇の例

データ出所：Deutsche Reichsbahn Reichsbahndirection Berlin Politabteilung, "Argumentation", Berlin, den 4.12.1963, in: BA　Berlin-Lichterfelde DM1/39260, 8

金額単位：DM

職階	現行賃金	勤務年	上昇後賃金	賃金上昇額
操車監督	371.4	20年	499	127.6
車庫長	398	11年	488.8	90.8
機械工（賃金5級）	334.5	5年	416.9	82.4
運転主任	392.4	15年	506	113.6
部局長（官等二等）	567.8	7年	676	108.2

操車監督と部局長の賃金差		車庫長と部局長の賃金差		機械工と部局長の賃金差		運転主任と部局長の賃金差	
従来	196.4	従来	169.8	従来	233.3	従来	175.4
上昇後	177	上昇後	187.2	上昇後	259.1	上昇後	170

操車監督と機械工の賃金差		車庫長と機械工の賃金差		機械工と運転主任の賃金差	
従来	36.9	従来	63.5	従来	57.9
上昇後	82.1	上昇後	71.9	上昇後	89.1

操車監督と運転主任の賃金差		車庫長と運転主任の賃金差	
従来	21	従来	5.6
上昇後	7	上昇後	-17.2（賃金差逆転）

操車監督と車庫長の賃金差	
従来	26.6
上昇後	-10.2（賃金差逆転）

まっている。その一方で、社会主義体制の道徳的優位性を前面に押し出した年功による賃上げ政策は、勤続年が最優先される。

このことで、賃金体系にある種の歪みができた。すなわち、「挙証」が挙げた例だけでも、職階間の賃金の高低の逆転や、インフレ下とはいえ名目的には賃金格差の倍以上の拡大すら生じるものであった。こうした年功による賃金増の極端な形での導入は、西ベルリンSバーンという特殊な職場における従業員の定着を最大限に評価し、またそれを促す意図があったと考えられる。だが、当時東ドイツ政府が打ち出す「新経済システム」で示された「物質的関心の原則の適用」、すなわちボーナスや割増給による労働者の創意を高めるという全体的方針[21]に照らせば、それをむしろ阻害しかねない、矛盾する面が否定できない。

DR当局（ベルリン鉄道管理局政治部）は別の内部文書（秘密公文書：Vertrauliche Dienstsache）においても、西ベルリンSバーン従業員の生活にかかわる問題を調査報告している。

すでにみたように、西ベルリンSバーン従業員は居住地の西ベルリンで比較的低賃金という問題に直面していたが、これは是正されねばならなかった。その方向で、一九六四年一二月二日に西ベルリンSバーン従業員の全グループに西ドイツ・マルクで支払う方針が主管大臣指令として示された。この問題について、補足的な情報があげられている[22]。

まずは、医療（通院）に関する西ベルリンSバーン従業員の不便である。生命の危険や事故等の重態が生じた場合、西部総合病院（Poliklinik West）のベッド・ステーションでは不可能な手術や皮膚治療といった処置をおこなうために、西ベルリンの病院に搬送することが許されている。

ところが、西ベルリンSバーン従業員は支払いが不如意であるため、多くの病院に受け入れを拒否されてしまう。市立病院などとは違い、受け入れ拒否の前例がないキリスト教系の病院でも、支払い時に患者本人に支払い請求が来ることになる。西ベルリンの病院への支払いは一九六三〜六四年にかけて六万五〇〇〇西ドイツ・マルクに達した。ところが、西ベルリン市がこの費用をもってくれる見通しは立っていない。一方、東ベルリン（「東ドイツの首都ベルリン」）に搬送されて治療を受けることは、当の患者によって好まれていない。その理由は、規則により、入院から一〇日たたないと親族の見舞いが受けられないためであるとされ、労働組合は親族の移動許可証の迅速な発行を呼びかけている（1-3）。

続いて調査報告は、職場において「一致をなお見ていないものの、注意すべき意見」があったと、個々の従業員の意見（不満）を収集し、論評をくわえている。当時の西ベルリンSバーン従業員の抱いていた問題意識が直接うかがえるものである。

「何人かの同僚が言うには『我々はいま社会保障費を西の金（Westgeld）で払っている。だからそれ相応の世話があっていいはずだ』」

「西ベルリン市庁の態度を正当化しようとする同僚たちもいる。『我々はここ西ベルリンで権利のない、全然平等に扱われていない市民だが、というのも所得税を払っていないからだ。払った税金は東ベルリンにいってしまう』この事態に何らかの変化があれば、西ベルリン市庁は自分たちを助ける義務ができると彼らは信じているのである」

「『ノイケルン』駅運行主任ツィーバルタはおそらくGdED〔引用者注　西ドイツのDBG系の鉄道労働組合〕に属する者だが、『いまや、一九四九年に我々がストライキをやった理由になった問題が白日のもとにある。DRはただちにもっと金を支払うように対応すべきだ。物価がどんどん上がるのだから』と言った。同様の議論があるかは不明」

「ほとんどの職場でクリスマス特別給付の話が出ている。特に五〇〇マルク上限が批判されている。二、三の同僚は、資本主義的企業の実務をとりあげている『真実』誌を引き合いに出して、DRがもっと多額のクリスマス特別給付を出すべきだと主張した」

一九四九年のSバーン・ストライキ時の問題は、根本的に解決していなかった。従業員に対する医療厚生の危機。これは、東西に分断された西ベルリンにDRの雇用者が住んでいるという特殊事情によるものだった。賃金給付額の不足。これには、年功によってDR・Sバーン当局が厚遇しているつもりのベテラン現業職員も、ストライキをまた口にした。不満は高まる一方だったといえる。

「壁」のなかの西ベルリンSバーン（2）

一九六七年二月二二日、ベルリン鉄道管理局政治部は「一九六七年三月一二日選挙の準備のための西ベルリンにおける運営・運行現場におけるSED－W活動諸グループの政治的大衆運動の評価」と題する「秘密文書」扱いの一〇頁のレポート[23]を作成した。

社会主義統一党（SED）の西ベルリンにおける組織は（のち分離独立の形をとり、友党扱い）「SED－W」ないし「SEW」の略称で呼ばれた。SED－Wは市政選挙に立候補者を出し、西ベルリン市政に一定の影響力をもつことを企図していた。一九六七年三月一二日実施の西ベルリン市議会選挙にもSED－Wは候補を送るが、結局議席を得ることはなかった。

だが、選挙に先立って、西ベルリン・ライヒスバーンすなわちSバーン運営・運行現場におけるSED－W活動グループは、さまざまな形での「政治的大衆工作」をおこなった。ヴェトナム反戦映画を含む映画上映会や、特に女性向け行事として「政治は男のものだけか」というテーマを掲げた討論会や、モード・ショーを組み入れたものなどの文化行事のほか、年金生活者向け行事（二五回）や若者有権者向け懇話会などを労働組合が主催するところからはじまり、一九六七年一月~二月中旬にかけては一五〇回におよぶ行事をおこなう。これはのべ七〇〇〇人の参加者を得、選挙準備のためにSED-Wの思想と方針を大半の従業員に浸透させる「選挙戦の第二段階」に至った。

さらに「第三段階」として公式の選挙戦行事を公の場でおこなう一方、個々の懇話会や小グループに対する個別の懇談を幅広く（「我々の拠点を越えて」）実施、そうした形での組織の強化がはじめられたとする（1-2）。

ここで注意をひくのは、西ベルリンSバーン従業員の生活上の意見や政治観のうち、ときに必ずしも政治的に好ましくない従業員の意見を取り上げていることである。収集されたなかには、東ドイツやDRの実態に批判的な言説が多数含まれていた。

もちろん、個々の現場の問題には多くの「同志（Genossen）」が積極的かつ「楽観的」に解決に取り組み、「問題の解決に不十分にしか参加していない同志はごく少数に過ぎない」とする。また聞き取りでは、多くの従業員=「同僚（Kollegen）」はDRの職場とその経営環境に満足しているという。今年初めにSバーンが二五〇名を新規採用したことで西ベルリンにおけるDRの将来への不安が払拭されたため、従業員は「我々の運営の資本主義的企業に対する優越」にも明確に気づいているとする。西ベルリンの社会問題について力強い議論が交わされたという、「グルーネヴァルト」駅における労働組合集会での議論を例に挙げているが、従業員の実名が明記されたそこでの意見は、多くが雇用の安定を欠く西ベルリンの状況を批判し、独占資本の責任を問う論調であった（3－4）。
報告書では、東ドイツ体制の公式的な見解やSED－Wに対して東ドイツ体制が労働者に期待するものとは異なる、必ずしもSED党員である「同志」ではない「同僚」たちの意見を特にとりあげている。そして「シュプリンガー出版物の影響を受けている同僚も何人かいた」と、冷戦期の西ドイツで反共を論調の前面に出していたシュプリンガー系新聞・雑誌の悪影響を受けたものだとするのである。それらは以下のようなものであった。

「西ベルリン人の職場の心配は、ただそれを探すということだけだ。借金がかさんでどう返していいのかわからなくなれば労働者はお手上げだが、企業家をあてにするわけにはいかん。DRも、労働力が足りれば怠け者の同僚からまず放り出すのだ」（「マリーエンフェルト」駅の一従業員）（5）

「なぜDDR（東ドイツ）は選挙の直前になって通行証問題を複雑にし、承認を迫るのか？介入をやめて全員に通行証が発行されればSED－Wの選挙はもっと容易になるだろうに！」（「シュパンダウ」駅の公開討論において、特に西ベルリン鉄道従業員のDDRへの通行証発行が限られている問題について）

「もしも壁を除去して封じこめ命令をあきらめれば、SED‐Wはもっと得票できるだろうさ!」（同上公開討論）

「あなた方の党には票を入れませんよ、党が私にDDRへの入国を邪魔しているのだから」（同じく通行証問題について、強電設備職長会での一従業員）

「西ベルリンの鉄道従業員は信頼されていないのだ。でなければ我々のためにDDR入国の特別規則を通してくれるはずだよ」（同じく通行証問題。パーペシュトラーセSバーン運行工場（Betriebswerk）において）

「DDRは通行証問題で西ベルリン政庁と協働するのを避けるだろう。誰が通行証を得るかとか誰が国境で通行証を出すかは決められないだろう」（同上）

「通行証問題が全然解決しないのはなぜなのだ?」（同上）

こうした意見は大抵私情をまじえず（sachlich）表明されたが、なかには敵意を込めた調子の例もあった、と報告はいい添える（以下、6‐7）。

「査定」は、「公開討論が示すのは、鉄道従業員の一定部分はなお反共的思考に強く縛られていることである」とし、その例として「シュパンダウ」駅勤務の「同僚ルガルスキ」の東西両独関係についての意見を引いている。

「我々の世代にとって、もう戦争の恐れはない。人民軍も高度に軍備を整えている以上、東ドイツ（DDR）は西ドイツに軍備制限を要求できないだろう。反戦というのなら、反人民軍もだ。軍備負担は西ドイツ市民を圧迫するだけではなく、東ドイツ市民にも重荷になる。ところがDDRには強い友人がいるのだから、人民軍を廃止することだってできるだろう。そうすればDDRは、建築増進に金を回せば、もっと魅力的になれるだろうに」

「好ましくない意見」は、さらに次のようなものであった。

「我々が共産主義者を選ぶだって？　西ベルリンでそんないかがわしい（unanständig）ことがあっていいものか」

「東ベルリンも『四大国体制』にある」

「ＤＤＲには純粋に自由な選挙がない。九九％がＳＥＤ支持なんて誰が信じられようか？」（以下、７）

「査定」は、「ツォー（動物園）」駅勤務の同志ヴェラートの子どもが死んだ際、調査の結果、実際には個人病院で治療を受けたにもかかわらず西部総合病院の医師陣への悪い噂が立ったが、こうした悪評に自分たちは対抗しなければならないのだとしている。西ベルリンにおける反共的偏見を指摘するものであるが、ここでは暗に通行証問題が従業員に重視される一背景に触れている（７－８）。

また多くの鉄道従業員が、当時の中国情勢（「中国では何がおきているんだ？　あれはナチみたいなもんじゃないのか？」）やルーマニア問題（「ルーマニアが社会主義陣営から抜け出すのか？　東ドイツは負けじゃないのか？」）に関心をもつことも否定的に紹介している。またこれらをまとめ、「査定」は多くの鉄道従業員が西ベルリンの現状に不満を抱きながらも、彼らがＳＥＤに投票するかどうかはまだわからないとする（８）。

この後、「査定」では、無党派従業員の一〇％程度をＳＥＤ－Ｗへの投票に導けたとし、大衆運動の成功を結論している。その根拠として列挙されたのは、以下であった。いわく、党員に対して非党員の同僚がＳＥＤに協調的な意見を述べた。ＣＤＵ支持からＳＰＤ支持に転じた「ヴェストエンデ」駅業務主任が、ＳＥＤ－Ｗに投票すると業務訓話で言明した。これらにくわえ、「新規党員獲得一四名、新規労働組合員獲得六一名、機関紙『真実』新規定期購読者獲得二三名、選挙闘争寄付約四〇〇〇マルク、ヴェトナム人民への寄付二〇〇〇マルク」という大衆運動による直接成果があったという（9-10）。

なおSED-W（SEW）の一九六七年市政選挙結果は、二・〇%の得票率に終わった。前回選挙にくらべれば微増であり、その後七一年の選挙で二・三%を記録し、その後は一%台を切るところまで低落した。西ベルリン有権者全体でみれば、終始、SED-Wならびにそれと不可分の東ドイツ体制に対して広汎な支持や評価があったとはいえない。

西ベルリンのDR従業員中「一〇%」の支持を獲得したという当局の把握は、どの程度たしかなものかはわからない。しかし、ベルリン鉄道管理局ベルリン政治部の観察によってすらも、東ドイツの機構の一部に属する西ベルリンSバーン従業員においても、東ドイツ体制を代表するSED-Wへの態度はおおむね無関心あるいは消極的、ないし否定的であった。

また同六七年末、ベルリン鉄道管理局政治部はSED-Wの職場内グループによる大衆運動について同様の観察結果を出したが[24]、組織の苦境も訴えられている。先年来、党員「同志」の相当数が次々定年退職に達し、若者の党員「同志」を獲得しなければならない。現在二〇〇名以上が「フンデケーレにある我々の企業付属学校（Betriebsschule）」で学び、「マルクス・レーニン主義の基本知識を体得することができた」ので、既に選挙闘争などで前面に立てる人材が出てきているが、一方で彼ら若い「同志」の一部にすら、「真実とは無縁のイデオロギーである」

毛沢東主義や「コミューン」といった「贋革命理論と分派活動」への関心がみられる（3）。「六八年」の思想・社会状況は、西ベルリンSバーン内部にも影響を与え、この方面からも東ドイツの体制との間にネガティブな距離が生じていた。

そして、西ベルリンSバーン職員は、そうした距離感を公の場で、ある程度自由に言明できた。これは東ドイツ管轄下の職場の構成員としては特異な立場であった。

総じて彼らは賃金上の不満と医療問題をはじめとする待遇の不備、これに深く関連する東ドイツへの入国制限という問題を常に抱え、東ドイツ・DDR体制に対しては批判的な距離を保っていることが多かったといえる。

もちろんこの点に関してSバーン従業員は複数の層に区分されており、ベルリン鉄道管理局政治部の観点からは、思想的に東ドイツ体制に親和性のより高いSED-Wの党員である「同志」と、それ以外の「同僚」に分けられた。また「同志」にも、世代間で思想的傾向にあきらかに差をみとめていた。これに加えて、当局として明示していない（むしろ体制思想的建前から否定している）職階間の上下の差が、東ドイツ市民である幹部職員と現地雇用の現業労働者である職員・従業員の間に明瞭に意識の差を作っていたはずである。

こうした点は、やがて一九八〇年におきた西ベルリンSバーン大ストライキという事件の底部にある構造となって、七〇年代にひきつがれた。

「壁」のなかの西ベルリンSバーン(3)

一九七〇年代、西ベルリンSバーンは乗客が激減したまま、設備老朽化が進み、駅舎などは荒廃にまかされた。ところが、壁のむこう、東ベルリンでは、Sバーン路線にも一定の拡充がはかられていた。西ベルリンSバーンとの扱いの差は甚だしい。[25]

東ドイツ(DDR)のような中央集権国家の癖ともいえる、首都への極端な資源の集中がはじまっていた。「DDRの首都ベルリン」の住民の生活インフラの整備は、工業的生産の拠点である中部ドイツを犠牲にしながら進められていく。やがては、首都の単なる虚栄心のために地方から資源を引き剝ぐような形になる、一九八〇年代の「ベルリン七五〇年祭」準備に向けて動き出すであろう。

もうひとつには、ホーネッカー政権下の東西関係の変化があった。西ドイツ・ブラント政権による外交姿勢の転換、つまり「(新)東方外交」は両独関係を劇的に変化させた。

西ドイツ(BRD)は元来、ソ連占領区に建国された東ドイツを国として認めてこなかった。「東ドイツ」とすら呼ばず、「中ドイツ」と呼ぶ徹底ぶりであった。自称「東ドイツ(DDR)」が隣国ポーランドと締結した第二次世界大戦後の新しい国境線を認める必要はなく、戦前の本来の東部ドイツについても、SPDのブラントによる「(新)東方外交」より前の西ドイツは、現在敗戦前の権利と国境問題未解決を主張する立場をとっていた。本来の「東ドイツ」は、現在ポーランドやソ連が占拠している土地のことである。したがって「ＤＤＲ」と自称するソ連占領地域は「東ドイツ」ではなく、「中ドイツ」なのであった。

こうした態度を、一九六〇年代末からのブラント政権の外交戦略では改めた。この時期の米リチャード・ニクソン政権下のゆるやかな緊張緩和の動きを無視はできなかった。また一方で、かつてチェコスロヴァキアの体制内改革である「プラハの春」（一九六八年）をソ連中心のワルシャワ条約機構軍の戦車が簡単に押しつぶしても、西側各国が有効な動きを見せないのを知って、安全保障の枠組みを再考せざるを得なかったからである。そこで、ソ連を含めた東欧各国との対立姿勢を緩和した。東欧各国とのあいだに条約が締結され、ポーランドとの国境問題もやや曖昧なままに現状を追認するとも取れる姿勢をとった。「東ドイツ（ＤＤＲ）」の承認もそうした政策の一環であった。[26]

東ドイツもまたブラント政権の働きかけに応じていわゆる両独条約を結び、「ふたつのドイツ」として国際連合にも加盟した。同時に、お題目として（西ドイツ同様に）掲げてきた「統一」「ひとつのドイツ」という姿勢をひっこめた。表現主義の詩人で初代文化大臣になったヨハネス・Ｒ・ベッヒャーが作詞した国歌の歌詞にそうした字句があったため、公の場ではインストゥルメンタルの演奏だけにしてしまったほどである。[27]

そうなると、西ベルリンで東ドイツが電車を走らせていることの政治的意義は急速に落ちていった。西側占領区を堂々と走る東ドイツ国鉄のＳバーンという「旗を掲げておく」意義がなくなってしまえば、これまでのように無理を重ねることもないのである。西ベルリンの住民である従業員たちの管理も、その無理のひとつであったのは、私たちがみてきたとおりである。

一九七〇年代を通じ、西ベルリンSバーンは年間一億二〇〇〇万〜四〇〇〇万ドイツ・マルクの赤字を出した。（西）ベルリン交通局（BVG）の提供するUバーン（地下鉄）とバスがSバーン利用に完全に取って代われるわけでは決してなかったが、設備近代化の遅れのために利用客数は伸びなかった。DRの監理する駅や車輛の極端な老朽化によって客離れが進み、それによる業績悪化がDR当局の設備投資の意欲をさらにそぎ、それで客足がまた離れるという悪循環が続いた。七〇年代の石油危機以降、諸経費の高騰は抑えがたかった。[28]

経済性を無視して非効率な職場を確保することで雇用が安定しているという、東ドイツ経済全体の「特長」といえるものも、西ベルリンSバーンではあやしくなってきた。一九八〇年には八七名に解雇通告をおこなうことになり、これへの反発が、やがてストライキの引鉄《ひきがね》となる。

第6章　明日は突然ならず（1980年代）

国鉄改革の声と技術革新——DBの八〇年代

一九八二年五月、七二年からDB総裁の職にあったファエルストが退任すると、官吏出身の前総裁に代わって、ドイツIBM社のトップだったライナー・ゴールケ（1934-）が総裁職に就いた。[1]

はじめての民間・ビジネス界からの総裁選出の背景には、一九七〇年代以来膨らみ続けているDBの赤字があった。七一年の年間赤字額は二五億マルク（DM）、累積債務は一六〇億マルクであったが、八一年には年間四四億マルク、累積債務は三四〇億マルクとなっていた。石油ショック以来、西独経済は不況に沈んでいたのだから、この数字は健闘したほうではないかと退任するファエルスト前総裁は振り返る。たしかに物流方面で合理化が進み、一九七〇年代末にはインターシティ（IC）遠距離鉄道システムが端緒につくなどの成果があった。だが、「企業としての需要に一致した規模と質」「国家的、公共経済的、そして企業的な任務の区分の不十分さ」の二つが問題であると、官僚らしいやや回りくどい言い方で認めないわけにはいかなかった。要は、さらに大幅な経営改革が必要であった。[2]

同じ年の秋、SPD（ドイツ社会民主党）中心の中道左派シュミット政権が倒れ、CDU（キリスト教民主同盟）のヘルムート・コールが中道保守政権をつくった。CDU・CSU（キリスト教社会同盟）とFDP（自由民主党）の連立政権は「転換」を主張する。翌八三年、新政権の交通大臣ヴェルナー・ドリンガーとゴールケ総裁は「企業戦略DB90」をまとめた。一九九〇年までにDBは大きな企業努力をおこなうよう義務づけるものだった。一層の「市場志向」によって組織の改革と合理化を進め、九〇年までに労働生産性を実質四割上昇させ、人件費をおよそ三割削減し、全体の費用を二割五分削減するという数値目標がかかげられた。

これにより、西ドイツ国鉄ではシビアな人員削減がおこなわれた。一九七〇年代末に三四万人以上いた従業員数は八〇年代半ばにはじめて三〇万人を割り、八九年には二五万人にまで減少した。また、不採算路線の廃止も二七〇〇キロ程度の規模とはいえ、ある程度は進んだ。しかし、八〇年代末までに「DB90」で示した目標に到達する見込みは立たなかった。一九八八年時点の累積債務は四三〇億マルクであり、当時の交通省の試算ではこのまま九二年には五七一億マルクに増え、二〇〇〇年には一二〇〇億マルクに達するはずだとされた。政府は国鉄民営化をはっきりと視野にいれた。[3]

ゴールケ総裁時代のDBは、一方で、欧州統合時代をにらんだ高速鉄道網の整備を進めた。技術革新の成果は、実験走行のICE(InterCityExperimental)による時速四〇六・九キロの高速走行世界記録の樹立としてあらわれた。現在のICE(InterCityExpress)路線網の準備がはじまり、鉄道超高速時代の幕が開けた。環境問題が意識された時代に電化を一層進め、ほぼ完了に近いところまできた。さらに信号、転轍機などにみられた伝統的な路線施設の撤去やコンピュータの一層の導入を含む、運行の近代化をおし進めた。一〇年間で保有していた二割近くの客車を減らし、二八〇あった車種を半分に整理したが、そのなかには戦前のライヒスバーン時代から引き継いでいたものもまだ含まれていた。[4]

また、一九八〇年代は、「市場志向」によるさまざまな新しいサービスを国鉄が試みたことで記憶されるが、「バラ色のゾウ」のマスコットが、運行形態の多様化や新しい運賃サービスを伝えた。[5]

このころのDBがおこなった斬新なサービスは、今日の営利第一のドイツ鉄道(DB AG)のそれよりも国鉄らしくおっとりと気前がよいもので、鉄道ファンが好意的に回想することも多い。一九七八年にはすでに導入されていた若者向けの一カ月乗り放題切符「TMT(トランパー・モナーツ・チケット)」が、バックパッカーに愛用された。さらに「カラー・コンセプト」を導入して車輌に鮮やかなペインティングを施した。窓枠を中心に、IC/ECとICEにはオリエンタル・レッド、IR(地域間特急)やFD(長距離急行)にはディスタント・ブルー、近距離列車にはミント・グリーン、Sバーンにはサーモン・オレンジといった具合である。[6]

また、石油ショック後停滞していた欧州統合の再活性化とともに、何かにつけて「ヨーロッパ」を強く意識した。ヨーロッパ特急網がTEEから「ユーロシティ」に再編されると、自慢の車輌をどんどん投入した。

一九八五年は「ドイツ鉄道一五〇周年」にあたる。当然またニュルンベルクが記念行事の舞台に想定された。だが特筆すべきは、その準備計画において、一九八二年夏に同市内で記念行事そのものの開催やそのありかたに、議論が巻き起こったことだろう。ナチ時代のライヒスバーンの役割をめぐって、市の文化局とニュルンベルク鉄道管理局のあいだで論戦が展開された。[7]「六八年」の世代間闘争以来、七〇年代からテレビ映画『ホロコースト』の放映などをきっかけに、ナチ期という「過去」への意識が、広い層であきらかに変化していた。鉄道の「過去」もその対象となったのである。

論争の一方の主役になったニュルンベルク鉄道管理局長ホルスト・ヴァイゲルト自身が「これまでなおざりにされてきた多くの側面」と認めたナチ時代のライヒスバーンの過去について、DBも取り組みをみせはじめた。「アリバイづくり」に過ぎないと批判されながらも、ニュルンベルク交通博物館は記念の年にはじめて、ナチ時代のコーナーを設けた。[8]一五〇周年記念誌『時代の趨勢《ツーク》、鉄道の時代《ツーゲ》』はナチ時代に紙幅を割く。[9]ライヒスバーン総裁ユリウス・ドルプミュラーに対する評価も、「国際的に活躍した偉大な鉄道人」という意図的に無邪気なものから改められていった。[10]

偶然ながら、鉄道一五〇周年の一九八五年はもちろん戦後四〇年である。五月八日、リヒャルト・フォン・ヴァイツゼッカー大統領は、のちに「荒れ野の四〇年」として有名になった連邦議会での演説で「罪の有無、老幼いずれを問わず、われわれ全員が過去を引き受けねばなりません」と述べた。そのちょうど一週間後、ニュルンベルクの鉄道一五〇周年記念行事の開会式典にも招かれ、次の一節を含む無難な祝辞を述べている。「とりわけ私が確信しますのは、ひとは鉄道に愛着があり、これからもそうあり続けることであります。鉄道は人間的な交通手段なのです[11]」

経済の空洞化――DRの八〇年代

ホーネッカー時代の東ドイツで、依然として物流の八割を担うDRは、体制が高唱する「知識・技術革命」の恩恵をこうむることはほとんどなかった。一九八〇年代の東ドイツ経済の行き詰まりを、老朽化した施設と遅れた技術という形で具現化しているようでもあった。

一九八〇年代に入ろうとするころ、世界的な原油高が続くなかで、ソ連による友邦への石油供給が極端に低下した。東ドイツが九割以上の原油を依存しているソ連が一九七八年に国際水準にまで価格をあげると宣言し、翌七九年以来原油価格は高騰をつづける。この結果、八二年

図表6-1　東ドイツと西ドイツの工業部門における労働生産性の推移（年平均：%）（1950-89年）

東ドイツ

1950年代	1960年代	1970年代	1980年代
6.1	2	1.9	0.2

西ドイツ

1950年代	1960年代	1970年代	1980年代
6.1	4.6	2.7	1.4

出典：Sleifer, Jaap, Planning Aheads and Falling Behind:The East Germany Economy in Comparison with West Germany 1936-2002, Akademie Verlag:Berlin, 2006, 104.

までに、東ドイツはたちまちカネ詰まりと対外債務超過に陥った。緊迫した流動性不足は、コール政権下の西ドイツによる二度にわたる高額の借款によってかろうじて立て直されたが、この間、経済全体の生産性はさらに急落していた。[12]

あらためて一九五〇年代以降の工業生産の労働生産性の推移をみておこう（図表6－1）。東ドイツでは再建期の五〇年代がおわると、その後、西ドイツの「経済の奇跡」持続のような六〇年代の生産性上昇がみられなかった。さらに、七〇年代にある程度持ちこたえたものの、一九八〇年代に凄まじい労働生産性の停滞がみられたことがわかる。

この結果、一九七〇年代に二・六％（西ドイツは二・八％）あったGDPの年平均成長率は、八〇年代に〇・三％まで落ち込むのである。西ドイツの同じ数値も一・九％であったが、八〇年代末には景気上昇があった。[13]

さらに、実態は明らかにされなかったが、化学工業をはじめとする産業の偏った膨張のツケは、工業地域において大気汚染や土壌・水質汚染といった環境の破壊という形でひそかに深刻化していた。「生産第一主義」のもとで、人為的に安く価格設定されていたエネルギー資源や水資源の浪費、化学肥料の大量使用が進んだが、これらに対して、西側諸国で高度成長期に「公害」対策としてはじまっていたさまざまな施策を欠いていた。生産増大のノルマが優先されるなかで公的な排出規制すらおこなわれず、したがって新技術による資源節約型生産ラインの導入は考慮されなかった。進む一方の設備老朽化は環境をますます悪化させたが、住民運動は東ドイツ体制のなかでは抑圧されており、有効な対抗手段とならなかった。[14]

この一九八〇年代初頭のエネルギー危機の衝撃は、DRに対する急速な電化計画の強要となってあらわれた。褐炭による火力発電によって、ディーゼル機関車による石油の浪費をおさえようというのである。これは七〇年代後半に計画当局が一度命令していたことであり、八一年にあらためてアルント総裁は第一〇回党大会による五カ年計画上の決定として、これを受けとった。エネルギー源としての石炭への回帰も進めようとしたが、これはポーランドからの石炭輸入が不調のため断念した（当時モザンビークからも石炭を輸入したが、主に家庭内暖房消費に用いられるだけだったという）[15]。

幹線の路線電化自体は、一九八〇年代いっぱいでおよそ三四〇〇キロにおよび、これは全路線長の二四％にあたる。四七億（東ドイツ）マルクを投じた路線電化の強行は、それなりの成果をあげたといえる。しかし、肝心の車輌が不足気味であった。[16]

また、路線電化への資源の集中は、ただでさえ進んでいたその他の運行施設の急速な老朽化と劣化をもたらした。一九七六年以降に導入された枕材はすぐに腐食して、あちこちで「コンクリート癌」と呼ばれる状態になっていた。その危険な状態からの交換も、党中央の許可を得なければ新技術や資材が使えず、簡単には進まなかった。橋梁、建築物の補修はさらに後回しにされた。幹線の複線化もこの期間にある程度進められたが、計画の中心から外された運行施設の劣化のため、それら一定の達成が活用されることはなかった。[17]

DRの状態は悲惨なものとなっていった。DRの修理工場では他の産業が供給する資材が不足し、あらゆるものを自作しなければ本来の仕事が回らなくなった。車輌不足は深刻化し、修繕の行き届かない古い車輌が使いまわされた。「戦前のレベル」[18]とまでは言いすぎだが、これまでに私たちが見てきたように、走る車両は型落ちで、システムが完全に時代遅れだというのは、DBと比較すればたしかにそうなのであった。

DRの二五万人の鉄道員はDBよりも平均年齢が一〇歳も若く、よく訓練された労働力であった。路線網も密だといえた。しかし、システム全体におよぶ老朽化を解決するための近代化投資には、再統一の一九九〇年以降、まずは七〇〇億ドイツ・マルクという莫大な資金を必要とすることになるのである。[19]

こうした状況をもたらしたのは東ドイツ経済全体の停滞と生産性の急落であったが、その原因はなんだったのだろうか。

東ドイツ経済の技術革新の停滞がまずあげられる。ホーネッカー体制のスローガンに反し、東ドイツの研究開発力は一九七〇年代に低迷し、八〇年代に決定的に低下した。西側のＩＣ技術の急速な発展に追いつけなくなったとよくいわれるが、追いつくために欠けていたものは何かが問題になる。

一九七一年から八〇年代なかばにかけて、学術および技術に対する支出額ではもちろん東ドイツは西ドイツに遠く及ばない。東ドイツ・マルクの通貨としての価値は西ドイツ・マルクの四分の一以下だから、東ドイツの研究投資額は、実質的には西ドイツの二〇分の一くらいになってしまう。研究者一人あたり論文数やその引用件数は半分以下であった。

しかし、研究開発の成否は研究成果そのものではなく、それを競争力のあるイノベーションに置き換えることができるかどうかにある。その比較は「市場経済」を拒否している体制との間では難しいところもあるが、たとえば特許（パテント）などが指標を与えてくれることになる。

そこで東ドイツ（ＤＤＲ）におけるパテント取得数をみると、西側工業国の多くに遜色のあるものではなく、一九七〇年代には年平均およそ四二〇〇件が、八〇年代には年平均およそ七二〇〇件にと、むしろ取得件数自体はめざましい上昇傾向にあった。「エルベの向こうのもう一つの工業国」のイメージは裏付けられそうである。ところが、これはあくまで東ドイツの国内特許である。「西ドイツにおける東ドイツのパテント取得数」とこれを比較し、東ドイツ国内特許が国際的にどれだけ新規のものとして認められていたかをみると、惨憺たる現実が垣間

図表6-2　東ドイツの国内パテント取得数と西ドイツ内での取得パテント数（1971－1986年）

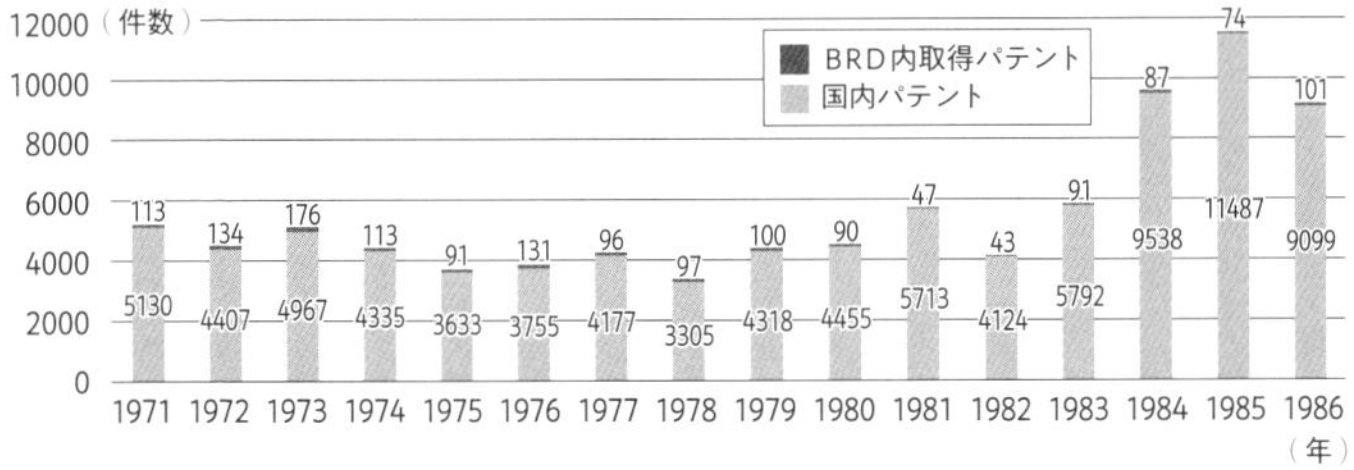

図表6-3　東ドイツの国内パテントと西ドイツ内取得パテントの比

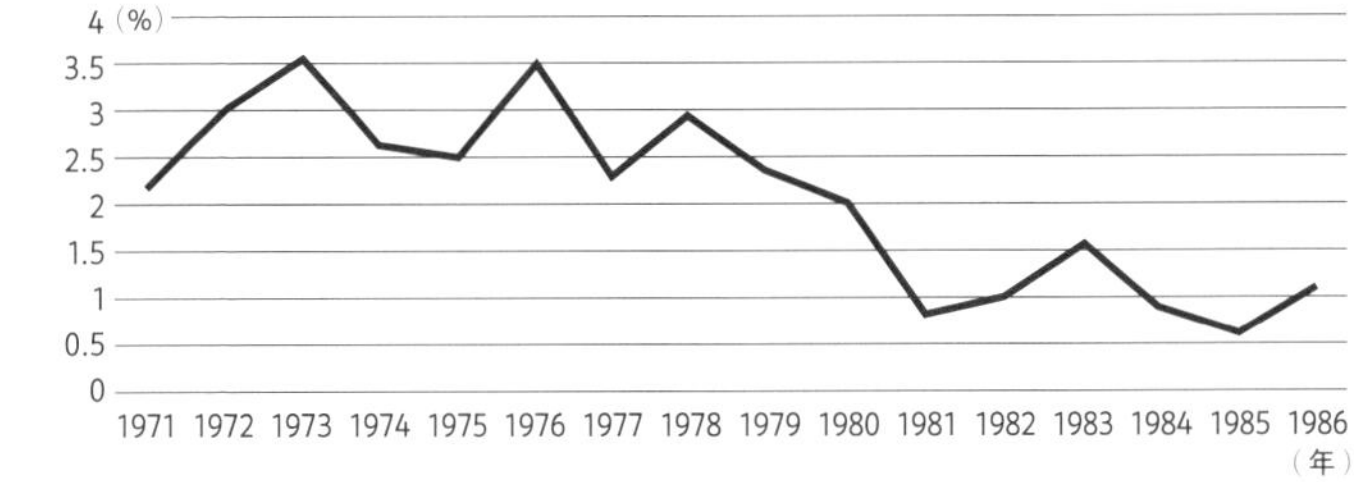

グラフデータ出典　Rainer Schwarz, Über Innovationspotentiale und Innovationshemmnisse in der DDR-Wirtschaft, Wissenschaftszentrum Berlin. Discussion Paper FS IV 91–26, 1991, 17

見える。

図表6－2ではわかりにくいが、西ドイツにおける東ドイツのパテント取得数は一九八〇年代初頭に大きく落ち込み（年平均およそ七六件）、その後も七〇年代前半の水準（年平均およそ一一七件）を一度も回復しなかった。

また、図表6－3で整理したとおり、東ドイツのパテントが西ドイツにおいて通用する率は一九七〇年代にも東ドイツ国内パテント数の二～三％であり、かつこれは八〇年代に急落して一％台もしくはそれ以下になったことがわかる。八〇年代に国内特許取得数自体は順調に増えているが、それらの大半は西側の模倣・追随の域を出ていなかったか、あるいはそれ以下の水準であったことになる。[20]

東ドイツの研究開発体制が、このような貧弱なパフォーマンスしか示せなかったのは、一般に次のような問題点を抱えていたからだとされる。西側の研究開発活動との交流・連絡不足、研究補助体制の不備（研究者の助手や補助的技術者が不足）、資材の不足、報酬体系の過度の平等化による研究活動へのインセンティブ低下、研究設備や人材の老朽化（とくにコンピュータ導入の遅れ）、そして官僚的組織の硬直である。

西側の研究機関との交流不足については、冷戦下では重要な軍事技術の移転を避けるための西側からのココム規制（対共産圏輸出統制委員会の指定による輸出規制）などがあったことを考えなければならない。そのなかで、たとえば一六ビット電子計算機の国産化にみられるように、模倣や追随という点ではある程度の達成はあったというべきかもしれない。もっともそれらが国際的な市場競争で通用するものではなかったのは明らかであり、国際交易においてＯＥＣＤ諸国向け輸出で得意としていた機械類輸出でも、八〇年代には急速にシェアを落としている。[21]

全体として国内パテント数が急増するなかで、国際的には技術開発とは認められない模倣・追随ないしそのレベルにも至らない「開発」が大多数を占めたことに注目すべきかもしれない。労働体制、その組織、さらに現場の問題がうかがえるからである。そしてやや唐突ながら、ここで、「インセンティブ」がキーワードになるかもしれない。この点は後述する。

ここまで本書は、東ドイツ経済の歴史的経験についての説明で、ときにこまごまとした数字を織り交ぜてきた。これらの数字が依拠した先行研究は、もちろん学問的に信用のおけるものであることを断っておく。しかし、そこにある数値は多くが東ドイツの公式統計の不備をそれぞれの研究者が苦労して補って作ったものである。

そもそも東側諸国の経済統計は、私たちが知る国民勘定計算のシステムではなく、独特の「物的生産システム」で作られていたから、西側との比較では加工修正は不可欠である。そして、それにしても本来なら依拠すべき公式統計の全てが、当時ならびに現在のいわゆる西側社会における程度には厳密な数値であるとは限らない——どころか、あまり信用に足りない(一九九〇年のドイツ再統一後、楽観的な予測を立てていたコール政権が「話が違う」と驚くことになったひとつの理由は、この統計数値の不正確さにある)。

東ドイツの公的統計数値には不足や誤謬が避けがたかった。計画経済の出発点から一九五〇年代にかけては、ソ連占領区に設立された中央統計局(StZA)や中央計画局の国家計画統計部門が作成した統計では、数値作成の前提となる作業自体に重大な欠陥(適切な価格ベースでの把握がない、など)があった。結局、ナチ時代の一九三六年に作成した統計に準拠し「そのあやふやな反映として」現在の数値が作成されることになる。[22]

もっとも、ナチ時代の統計への依拠は、西ドイツでも初期にはある程度はそうであった。「三六年統計」は、当時としては先進的な手法を用い、産業連関表にまで近づいた、整備されたものであった。ただし、飛行機や火薬といった重要戦略物資については原データを秘匿加工した形で公刊されていた。ナチ戦争経済の手段であった以上、そうなる。[23]
のちの東ドイツでも公開された統計数値のかなりの部分が、実際とは遊離していた。だが、ナチの場合とは異なり、集積されたデータを中央が改竄したというばかりではない。そうした例はあったはずだが、計画経済のために正確なデータは中央計画局の手元には絶対に必要であった。それがしばしば実態を反映していなかったのは、現場から上がってくる情報に意図的な歪みがあったからだ。

計画経済によって各経済単位にはノルマが課され、それが達成されねばならなかった。その計画自体が、出発点から不完全な統計情報によってたてられたものであったが、ノルマの達成度に応じた能率給のシステムで評価される。そうした現場で責任者がやるべきは、当局の過大な要求を避けてできるだけ低くノルマを設定させるために、実際の生産能力をまず過少申告することになった。それでもノルマをこなすのは大変だから、納期を守るための突貫作業に資材や労働力を囲いこんでおくことも常態化した。したがって従業員数は常に過剰であったが、これらへの労務管理は不徹底であった。

一九五三年の労働者蜂起は体制にとってのトラウマであり、これ以降、現場の作業班にはかなりの自律が許された。これにより親密な「仲間」のコミュニティが職場で形成されるが、オフィシャルな責任の体系もゆるみ、さまざまな報奨金制度があったにもかかわらず、労働規律はいやおうなく低下した。消費物資やインフラの不足のなかで、欠勤や遅刻早退には相応の理由があったから、職場の仲間たちは互いに大目にみた。何よりもノルマについては設定の段階から低めに誘導する力が働いた。そして、国家秘密警察（シュタージ）の目は全ての現場にそれほど行き届いたわけでもなく、ノルマ達成状況についても不利な成績を意図的に報告しない事態がみられた。遊休設備や在庫を逐一正確に申告しておく義務も、作業班や生産単位の「仲間」たちの前では薄れて感じられただろう。[24]

中央計画当局もこうした事態には気づいており、常にバイアスのかかった情報には注意していた。したがって各経営体（企業）のあげてくる統計情報は、ある程度私たちも依拠できるとはされる。現場への法的な監視が本当に機能できたのかどうかにこれは左右されるわけだが、もしもまったくできなかったというものなら、公式統計の数値をあとから修正加工して推計値を作ろうという経済史研究者はお手上げではないか。しかし、異時点間の（名目ではない）実質成長率において計算上不可欠の、価格によるデフレートという手法は、そもそも価格情報に不備がある東ドイツでは容易に使えないという問題もあった。[25]

後世の研究者はともかく、東ドイツの人びとにとっての問題は、そうしてあげられた現場のかなり不正確な情報をもとに、次の計画とノルマが決められることだった。現実との乖離は、日に日に広がっていく。現に、一九八〇年代の統計こそが最も信用ならないものだということで研究者の意見は一致している。[26]当時の計画当局も違和感をもちながら、かなり非現実的な計画をたてていかざるをえない。しかし、表面的な平静さのなかで計画経済の現場では、生産性が、やがては生産高そのものが落ちていくのである。

たとえそれが報告されても、東ドイツ国鉄（DR）の路線施設がしばしばひどい状態で放置されていたように、中央政府が迅速な手を打つことはむしろ稀になっていた。DRに対して、たとえばギュンター・ミッターク（1924-96）のような、戦前のライヒスバーン出身で鉄道管理の高度な専門教育もうけた、トップクラスの党経済官僚ですら、施設の危機的状況の報告には鈍感だった。[27]そう振る舞わなければならなかったのかもしれない。

研究開発の現場でも、似たようなことが起きていた。ノルマに追われながらの研究開発は、現場ではどうしようもない限界が意識されればこそ、新規の技術とはいえない種類のパテントを数の上では積み上げていく欺瞞につながったはずである。ある種の「贋パテント」が一九八〇年代にこうして増えた。

「官僚的組織の硬直」がこれに拍車をかけた。こういえばわかった気になる一種の紋切型だが、東ドイツの研究開発が、体制が自慢するコンビナートのなかでおこなわれたことと関係がありそうだ。技術開発と生産の一体化をはかるコンビナートのシステムは、生産の効率化をもたらすはずだった。しかし、研究開発の成果は、計画通りの運営が官僚の監督で順守される結果、そのコンビナート内にとどめられる傾向が強かった。革新的な研究開発活動は一国レベルで伝播せず、特定の地域に、計画の一定期間以上滞留していた。これは想像だが、官僚の間の縄張り争いの結果という可能性もある。

ここに、中央集権的な東ドイツのなかに潜んでいた地域性のひとつの現れをみることもできるだろう。ソ連占領区〜東ドイツのなかで、経済的先進地帯であった中部ドイツの特異な立場が、ここで思いだされる。

ベルリンの党中央政権は、東西両独の分断が固定する中で「東（の）ドイツ」ならぬ「DDR」の自意識を強める政策をとった。資本主義社会の西ドイツ国民と社会主義社会の東ドイツ国民は階級の差異からもはやまったく別であり、人間の質が違ってきているのだとまでいった。[28]

その主張を補強するためもあってか、ベルリンのSED政府は徐々に一九世紀以前のドイツ――とりわけ、東部ドイツの覇権国家プロイセンの「伝統」を持ち出しはじめた。たとえば、東ドイツの人民軍にプロイセンの強兵の伝統が生きていると述べる本が出版されるという具合である。[29]

これに対して、ドイツ史上で長く工業化の中心地域であったザクセンなどは、強い反発を新たにする。それこそ、帝政時代以前の誇り高い領邦国家時代からの自意識があった。そして、中央集権体制下での被害感には、経済の停滞のなかでたしかに根拠があった。

中央集権的な国では資源は首都に集中しやすいが、一九八六年、「ベルリン七五〇年祭」の一大セレモニー挙行で、ベルリンの中央政府による地方からの収奪は、まさしく目にみえる形のものだった。国中の乏しい資源と金は、お祭り騒ぎに集中して濫費される。

国鉄たるDRも、首都・東ベルリンにおいては駅舎などの施設修繕・改装をおこない、このとき「ベルリン東」駅を「ベルリン中央」駅に改称して祭りの玄関口にしている。[30] ドレスデンやライプツィヒといったザクセンの中核都市のインフラ整備は、その犠牲になっていた。そのくせかつての工業化強行の弊害は、たとえば有名なビッターフェルト（ハレ県。現在のザクセン・アンハルト州）の大化学工業プラント周辺地域の汚染のような容易ならぬ環境破壊として、その地域にシワ寄せがいくのである。一九八〇年代末の国内民主化運動が最初にザクセン地方の諸都市で発火した背景には、首都との格差に対する地域住民の不満と怒りがあった。

普通の生活

現在の東ドイツ史研究は、独裁国家の恐怖政治やその道具である秘密警察の監視におびえながらの抑圧的で不自由な生活というばかりではない、東ドイツの日常に焦点をあてる。[31]

多くの人が飢餓や寒さから解放されたこと、生死にかかわる絶対的な貧困があったわけではないこと、平等に高いレベルの教育を受けられるようにもなったことを評価しなければならない。経済成長ではなく政策的誘導によって存立していたために質量ともにきわめて不十分なものだったとはいえ、余暇の消費を楽しむこともできた。[32]

DRも早くから夏冬のリゾート専用列車（「ツアーレクス」）を走らせた。一九八〇年代のDRは社会主義圏隣邦との間の特急列車網を拡張し、それらカラフルな塗装をほどこした「インターエクスプレス」にさまざまな愛称を与えている。ベルリン―プラハ―ブラティスラヴァ間の「イントロポリタン」、ベルリン―カルロヴィバリ（チェコ）間の「カーレクス」、ベルリン―モスクワ間の「モスクワ・エクスプレス」、ベルリン―プラハ間の「プログレス」といった具合である。

こうした取り組みはまずベルリン発着列車からはじめられたが、ドレスデン―ブダペスト間の「サクソニア」（「メトロポール」）は、夏にはレジャー客用に自動車専用車輌を連結し、一九七〇年には二六万、七七年には四二万人以上を休暇旅行に運んでいる。四〇〇人乗りの特別列車二本を使ったレニングラード（現サンクト・ペテルブルク）―モスクワ一〇日ないし一四日の旅の費用が、四〇〇〜四六〇東ドイツ・マルクであった。[33]

だからといって、東ドイツが「労働者の天国」だとは（やや反語的な意味以外では）決していえない。だが、相対的な貧しさを国民の大半が分かち合うなかで、西側社会では失われた人間的な連帯が維持形成されていた点を見落とさせない、という主張を無視してはならないだろう。たしかにそこに人びとの生活があった。それ自体が何か劣ったもの、間違ったものだったなどと、私たちの誰が言えるだろう。

体制に一体化した一割の人びと（SED支配層とその加担者）や、はっきりとそれに対決しなければならない同じく一割の人びと（「政治犯」や反抗的知識人、宗教関係者）だけが「東ドイツ国民」ではなく、大半の人びとは、多くの場合は厳しい現実に折り合いをつけ、市場社会であれば欠かせない日々の経済的競争からは身を引いて、個人生活の平穏を守って暮らしていた。生活の懸命の防衛とは、ニッチに閉じこもって政治に無関心を貫いたというのではなく、ときに体制に対して日常生活の不満の声をあげることも含まれた。個人と家族を越えた社会の関係、つまり交渉職場や近隣のコミュニティの人間的紐帯が、それを可能にしていたのである。

だが、労働現場での「仲間」意識は、士気＝モラルや職業的倫理の向上につながらなかった。むしろその逆に労働のインセンティブを下げ、職場の労働規律を破壊し、その生産性を下げた。その結果、何よりも大事な個人や家族の生活を蝕んでいった。東ドイツの「普通の生活」を、多くの人びとにとって、もしできるならば抜け出したいもの、このままでは耐え難いものにしていったのは、ＳＥＤ政府の政策的無能だけではなかったのである。

体制の非人間性以上に、その隙間を縫ったかにみえる市井の人間性の発揮こそが、守るべき「普通の生活」の崩壊を準備していた。

一九八〇年――西ベルリンＳバーン・ストライキ

時間を数年巻き戻して、東ドイツ最後の一〇年の冒頭、一九八〇年の出来事をみる。

西ベルリンSバーンで起きた従業員の大ストライキという事件によって、東ドイツ（DDR）が、一九八九年の「ベルリンの壁崩壊」に向かっていく様子を確認しておきたい。この「DDR」が一党独裁の政府のことだとすれば、それは完全な破局に向けての、小さな、気づかれない最初のほころびのようなものだったのではないだろうか。

前章で私たちは、東ドイツの機関であるDRに勤務する西ベルリン住民という、不思議な生活者であった西ベルリンSバーン従業員の不満を聞くことができた。それらはまず、生活に直接かかわるものであった。物価高のベルリンでDRから受け取れる賃金の低さであり、医療選択の制限である。また、SED-Wに入党している「同志」たちや東ベルリンの上司たちの背後には東ドイツの一党独裁体制があり、西ベルリンの自由選挙においてすら政治的選択をうるさくいい、監視もしていた。

DRは東ドイツの一部だから、職場の仲間の雰囲気は悪くなかったはずだが、現場施設のはなはだしい悪化が放置されているのはいただけない。将来への不安は高まり、西ベルリン市政府が自分たちを引き取ってくれるべきではないかという期待も出ていた。将来のことだけでなく、ときにはそれが作業の危険にもつながった。だが、緊急のときですら受診できる病院が限られていたのである。三五〇〇名の従業員に対して、東ドイツから派遣される医師は一五名の特定病院への通勤医のみであった。

DR当局、つまりは東ドイツ政府が西ベルリンSバーンをもはやほぼお荷物でしかないと思っているのは明らかだった。一九八〇年五月には「フリードリヒシュトラーセ」―「ヴァンゼー」路線と「ゲズントブルネン」―「パーペシュトラーセ」路線という二つの東西・南北幹線を除いて、朝四時から深夜一時までの運行を朝五時から夜九時までに縮減し、二〇分間隔の運転にするという合理化計画をたて、さらに夏以降も路線の削減・整理計画がたてられた。

これを理由に、八七名についに解雇通告が出された。東ドイツ社会を支えていた、職場の安定性への信頼が、西ベルリン住民である西ベルリンSバーン従業員たちのなかで崩壊したのである。そしてDRは、西ベルリンSバーンの将来の路線縮小を見越し、諸手当の廃止もおこなう。事実上の賃下げである。[34]

すでに一九七六年六月からDRのベルリン鉄道管理局内の政治局は、西ベルリンSバーン労働者の一部に機関紙『赤信号』などの配布を通じて、抗議の動きがあることを察知していた。[35]だが、その後の当局の動きについては記録が欠けている。

一九八〇年八月にはポーランド・グダニスク（旧ドイツ名ダンツィヒ）の造船所でストライキが発生し、これが九月一七日の自主管理労働組合「連帯」の結成につながっていた。委員長レフ・ワレサに率いられた「連帯」は、この後も弾圧を受けながらも粘り強く維持され、やがてポーランドの一党独裁政権を打倒する勢力となるにいたる。夏から秋にかけての世界的な注目をあつめたストから全国組織結成までの動きは、「連帯」の最初の成果だった。西側の報道に自由に接していた西ベルリンSバーン労働者が、ここからも刺激をうけていたことは間違いない。

一九八〇年九月一一日、西ベルリンSバーン労働者には不満足な額の、ごく軽微な賃上げが提示される。そして一五日には、月末の西ベルリン路線運行の大幅削減が発表された。

九月一六日、自発的な労働放棄がはじまった。翌一七日、Sバーンとコンテナ貨物駅の一部で、賃上げと労働条件の改善を求めるストライキが勃発する。最初、およそ六〇〇人の労働者の集会で決定された三〇〇人程度の直接行動によってはじまったストライキは、西ベルリンSバーンの六〇の職場にその日のうちに拡大し、最大一〇〇〇人強が参加する。これは、三五〇〇人程度にまで減っていた西ベルリンSバーン従業員の三五%が直接参加したことになる。はじめに西ベルリン内のSバーンが全て停まり、二〇日以降は西ベルリン発着の遠距離路線もストップする。

一八日、ストライキ委員会が二〇人の労働者で結成された。この間、列車の運行は停止され、労働者は古びた煉瓦づくりの信号扱い所などの分散した職場に立てこもった。東ベルリンの鉄道管理局は職場の電話回線をまず切り、現場のコミュニケーションをとれないようにした。

このストライキへのDR側の対処について、ベルリン鉄道管理局内の政治局の内部文書にもよりつつ追ってみよう。[36] ストライキ勃発直後の記録が乏しいが、当局の対応は迅速であったといえる。

一九日未明までには、代替の従業員が東ドイツから派遣され、列車運行の一部は再開された。

同日の「ベルリン東」駅の現状報告によれば、スト現場の駅構内に政治局の「同志」が入り、従業員に「聞き取り」をおこない、彼らの大半が「体制に忠実であると確認」する形で、現状を掌握している。[37]

これにより運行が再開されるが、そのために東ベルリンより派遣された代替従業員には、あらかじめ思想動向を含む身辺調査がおこなわれ、それら調査結果を記載した一覧名簿が作成されていた。[38]

ベルリン鉄道管区政治局は一九日に最初の「情報冊子」を作成し、前日一九時以降の西ベルリン各駅・施設でのストライキの実態や運行状況などを確認し、事態の把握をおこなっている。一九日の時点でSバーンについては代替要員の投入で早期の運行回復を見込んでいるが、ベルリンを発着する西ドイツ方面行の遠距離列車の運行に大幅な遅れが生じていた。また、テンペルホーフ、グルーネヴァルトのライヒスバーン修理工場では、前者で一七七名の全工員が仕事につかず、後者でも六名が仕事再開を拒否していたが、「特別の事件なし」とのことであった。この日、西ベルリンSバーン当局は、ストライキ参加者一三九人（前日は一五六人）を除く一七〇〇人の従業員に賃金を支払った。[39] 賃金支払いを受けた者は、スト収拾の翌日までに二九五六人となった。

西ベルリン市政府は最初からストライキに対して好意的な態度をとったが、実際は遠まきに眺める距離を置かざるを得なかった。二一日、西ベルリン警察はスト現場の信号扱い所で、西ベルリン市民である諸君にはストライキの権利があるものの、DRが自分の施設に入る権利もまたあるのだと説明した。

スト拡大をおさえ、西ベルリンとの政治的軋轢を回避したとみた当局は、二二日から鉄道警察などによる実力排除に乗り出した。

二二日一五時半、ハレンゼーの信号扱い所に一五人の鉄道警察員がソ連軍関係者の同行のもと派遣され、手斧で入口を破壊し、シェパード犬を使ってストライキの従業員を強制排除した。西ベルリン警察もスト側の要請で急行したが、排除された従業員には、これらは合法的措置だと説明するよりほかなかった。

このとき追い立てられたスト参加者のひとりで、二〇年にわたってDRに勤務していた信号係ヴォルフガング・レシュケは、「同じ制服を着た」同僚にひどい仕打ちを受けたショックで、ハレンゼー鉄橋上で髭面を涙で濡らしながらインタビューを受けた。九年前にSバーンに就職した息子とともに、彼は即時解雇された。[40]

なおストライキ側がおさえていたコンテナ駅は、二三日、軍用列車の走行ができなくなっていた西ベルリンの英国軍との交渉で占拠が解除され、ただちに鉄道警察が駅構内をおさえた。[41]

同じく二三日、当局が配置して職場の動向を常にさぐらせていた「協力者」たちが、三八の業務グループと一〇の作業現場で調査をおこない、多くの従業員についてスト不支持、労働意欲大との感触を得たとしている。現に数名の鉄道員は、最初から業務放棄もおこなっていないとする。しかしながら、SED党員グループが引き続き事態の「安定化」に努めた。その結果、スト「扇動者」を洗い出すとともに、その一部からは反省文と「今起きていることはあきらかに外部からの誘導によるもので、職場を危機に陥れるものです」という言葉をひきだした。また同時に、「職場がなくなるのではないか」「これでSバーンが他人の手に渡るのではないか」という現場の不安の声も書き留めている。[42]

二四日には政治局員たちがスト現場だったそれぞれの職場に入り、多くがすでに「安定化」されたのを確認したものの、Sバーン運転士とディーゼル機関士のなかにはストライキ続行にこだわり、業務に復しようとする同僚に落書きで心理的な圧力をかけている者がいる——と、それらの実名をあげている。[43]

二五日、スト委員会はシェーネベルクの労働組合の建物に移った。この夕、学校の教室を借りておこなわれたスト集会には三五〇人が参加したが、委員会はスト中止を決定し、なおストライキ続行中の同僚には、DRをただちに退職し、西ベルリンの労働局に失業登録するよう勧告した。この日までに、DRはすでに八〇〇名を即時解雇していた。

二七日はストライキの重点であったモアビート、シュパンダウ、グルーネヴァルト、テンペルホーフ、ノイケルン、テーゲルのそれぞれの地域の職場の「安定化」実現が確認された。すなわち強制排除のあと、代替従業員が派遣され、業務が再開された。[44]

一方で政治局は、ストに参加していない一般従業員が「なぜ我々は何も知らされないのか」

と不満を抱いていることを記録している。[45] 二八日、ストはすでに完全に収まり、各部門に代替要員が置かれた。たとえば二五人の車輌運転手が他の鉄道管区から送り込まれていた。

正常運行が再びはじまったが、多数路線が運行を停止され、DRがそれらを復活させることはなかった。路線長一四五キロ、七八駅あった西ベルリンSバーンの路線は、七三キロ、三八駅と半分に減った。

ベルリン鉄道管理局長名義の前日二八日朝六時の報告書「西ベルリンの状況報告」では、緊急に代替要員の政治的な意見や「気分」をまだよく調べられていないことを気にしていた。「政治的協力者」には、この週初め、各現場で政治的挙証をさらに強力に支援するよう命令が下っているとした。[46]

二九日には、政治部の関心は、事態の収拾ではなくその原因に移っていた。西ベルリンSバーンにSED‐Wのメンバーである「同志」がなお少なく（二五％程度ともいわれる）[47]、政治的な意識が低いことを問題視していたが、調査するとストライキ後、東ドイツSEDの方針に忠実なはずのSED‐Wのメンバーが二九人減っていた。二四名が党規にそって罷免され、三名が退隠し、一名がストライキ初日の一七日に解雇により除名されていた。[48]

東ドイツの最初の見解は九月一八日に『真実』紙に出た。「市庁は義務を負わされなければならない」という署名記事で、今回の扇動者によるストライキは、「東ドイツではすでに過去のものとなっている労働問題が西ベルリンに残存する」ためであり、東ドイツは「西ベルリン政府の責任」を問うというのであった。[49]

この西ベルリンSバーンの最大の転機をもたらしたストライキ勃発には、うがった見方もある。「Sバーン問題」の有利な解決をねらった東ドイツが意図的に誘導したのではないか、あるいは東ドイツ秘密警察が使嗾したのではないか、という説が囁かれている。西ベルリンSバーン労働者の暴発で西側世論を動かし、赤字路線を有利な形で西ベルリン市に譲渡するという切り捨てをねらったというのだが、その後の成り行きに照らすともっともらしいものの、管見のかぎりではなんら確証は出ていない。

ただ、ストライキ解決直後のアルント総裁・交通相をはじめとする東ドイツ側の発言などをみると、あきらかに一九七〇年代のある時期からは西ベルリンSバーンを西ベルリン市に引き取らせる事態が意識されていたことがわかる。

当事者たちは立場の違いを越えて、みなそのことが念頭にあったともいえる。ストライキ参加者はDRを解雇されたのち、はっきりと西ベルリンへの経営移管を希望したし、ベルリン鉄道管理局政治局文書は「Sバーンが他人の手に渡る」のを高齢のSバーン職員たちが恐れているとストライキ中に把握していた（九月二三日）。ベルリン鉄道管理局は、ストライキ鎮圧直後の二七日に「即時解雇者にDBが西ドイツで職場を提供し、この鉄道の決定を西ベルリン市庁が失業手当の即時支払いでうまく扱う（だろう）」との見通しを示している。[50] その根拠は不明であり、実際にストによる解雇者がDBに全員職を得たわけでもないが、東ドイツ当局の側には、西ベルリン市庁へのある種の身勝手な期待があったようだ。

西ベルリン市庁もまた、財政難のなかで、毎年七七〇億ドイツ・マルクの赤字を出すSバーンをどのように扱うかが自分たちの課題になることを、とうに意識していた。

一九八四年の小さな転換

一九八一年はじめに交代した新市長のもとで「Sバーン問題」を話し合う委員会がつくられると、さらに同年春の選挙でSPD政権から交代した保守派リヒャルト・フォン・ヴァイツゼッカー新市長（CDU）のもとでも、続けてこの問題が討議された。西ベルリン市はなおSバーンを一要素とする交通計画をたてざるをえないというのが八二年に出された結論であった。しかし法制上、なお四カ国の共同管理下にあるはずのベルリンにおいて、西ベルリン市がSバーンを市民の足として引き受けるにせよ、どのような形がありうるのかが、財政問題と並ぶ難問であった。

一九八三年六月、ベルリンに管理権をもつ連合国四カ国の基本的な同意を得たうえで、東西両ドイツ政府が話し合い開始を合意した。さらに四カ国の正式の認可が得られた秋以降、ようやく当事者である西ベルリン市庁の経済、交通など五部門の責任者と交通省・DR首脳陣との間で話し合いがはじまった。

一〇月末日の最初の会合で、DDR交通省国際関係第二局長をはじめとする代表団は、一〇点の要求を出した。ベルリン市は過去一〇年の一五〇億ドイツ・マルクに渡る赤字額を補償せよ、八五〇〇人の西ベルリン在住の従業員を引き受けよ、ライヒスバーン旧資産の不動産収入に関与させよ、西ベルリンにおけるSバーンへの「攻撃」（ボイコット運動など）による損害額を金銭的に賠償せよ、といった要求の他に、さまざまな特定路線の運行に関するDRのこれまでの権利の再確認を求める内容であった。もしこれに合意が得られなければ、国境部のごく一部の路線区間を除いて、西ベルリンSバーンの運行を一九八三年末まで停止したいと、ベルリン鉄道管理局長などのDR側はまず通告した。

この後一〇回にわたり、東西ベルリンに場所を交代しながら会合が続けられ、毎回四～六時間にわたる議論が一二月二八日まで続いた。第三回会合以降、技術面のより専門的な話し合いの必要から、BVG（ベルリン交通局）とSバーンの技術者間の会合も密接に（かならずしも、円満に、ではないが）もたれるようになった。

西ベルリンSバーンを早く手放したいDRが金銭的要求については妥協する形になり、当初予定していた一九八四年一月一日ではなく「一月九日にDVGへの移管」で、ついに合意を得た。大晦日の移管作業は大変なので、「一月一日」移管の締め切りをずらしましょうと持ちかけたのは、西ベルリン市のほうであった。少しくらい遅れても別にこちらに支障はありません、というわけである。すでに一連の交渉では、西ベルリン市側が心理的に余裕ありげな態度をみせるようになっていた。不採算部門の引き取りで腹をくくり、話し合いにも目処が立った今、売り手よりも買い手のほうが強いのであった。

西ベルリンSバーンは西ベルリンの交通網に統合された。だがこれは路線のさらなる縮小をともなった。「フリードリヒシュトラーセ」—「シャルロッテンブルク」間と「アンハルト」—「リヒテンラーデ」間のわずか二一キロのみで列車運行が残され、ここから、個々の路線区間の復活に長い時間をかけることになった。残された市中央部の幹線では、Sバーンは戦前の四分の一車輌を二輌挟み込む形の四輌編成で運行されるようになる。フォン・ヴァイツゼッカー市長は一月九日、「アンハルト」駅の経営移管セレモニーに参加したが、西ベルリンSバーンの復興は、この年のうちに西ドイツ大統領に就任する彼の仕事ではもうない。

こうして一段落がつけられた、一九八〇年代の西ベルリンSバーンの西ベルリン市への移管という出来事が意味するものは、何だったのか。東ドイツ政府ならびにDRにとっては、厄介払いができたということにすぎなかっただろう。不満の残る形ではあったが、当初の目的は果たせた。貴重なカネとモノを意味の乏しい「ショウ・ザ・フラッグ」のために使うことから解放されたのである。[51]

「壁」の中の市民の交通機関としての存続の必要はたしかにあるとはいえ、厖大な赤字を垂れ流す公共交通機関を手に入れてしまった西ベルリン市のほうが、むしろ冷戦まっただなかの時期の思考スタイルにまだ縛られていたのかもしれない。西ベルリンは、西ドイツの戦後が集約されたという意味でも、特別な地域であり続けていた。
しかしここには、小さな転機があったのではないだろうか。

一九八九年の「壁」崩壊から東ドイツ体制崩壊にいたる「転換」が生じるのは、まだ五、六年先であった。自国の鉄道の一部を東ドイツが放棄し、西側に引き取らせたのは、ドイツ鉄道史あるいはもっと狭いベルリン鉄道史のちょっとしたエピソードにすぎないかもしれない。

だが、そこにはたしかに、ある時代の巨大な問題の象徴のひとつが、様相を変えたという事実があった。一連の経緯は基本的な構図を、世界を驚かせることになる数年後の「壁」崩壊と、同じくしていたといえる。つまり、東ドイツの経済的窮迫、市民の蜂起、四カ国体制の制限とそれへの西ドイツの配慮、粘り強い議論のあっけない落着、強硬な態度をみせた東ドイツ政府の意外な脆さ、そして、犠牲を払っての「西」による平和的な何ものかの獲得であった。

敗戦後という歴史の特異な局面に出発し、冷戦というひとまとまりの歴史的時間のなかで築かれていた社会が、その崩壊を始めていた。西ベルリンSバーンの移管は、ほんの小さな、しかし無視できない現れではなかったか。ベルリンという特別な意味をもつ場所で起きたという共通点を持ちながら、その数年後に起きた世界の耳目を集めた一夜の事件とは、注目度において当時も現在も比べ物にはならない、些細な、そして冴えない出来事だった。だがその本質は、『ベルリンの壁』崩壊」という世界史年表の大文字の出来事に通底していたとはいえないだろうか。

こんなところにも、小さな「転換(Wende)」が、人知れずはじまっていたのである。一九八〇年代末、東欧や東ドイツで突然のように起こった「転換」は、ドイツのみならず世界中の多くの人びとに、未来を感じさせた。それが希望に満ちたものにせよ、不安に覆われたものにせよ、未知の「明日」がそこにいきなりのように出現した。たしかに多くの人がそれを予想できなかったから、「突然」でいい。

しかしそれは、本当は、目に見えない長い序奏あるいは助走を経たものだった。一九八九年一一月九日、「ベルリンの壁」崩壊の衝撃的な夜は、八〇年代という長い時間の続きであり、砂粒のように細かい無数の出来事——多くは退屈な日常の些事——が積み重なってひとつの形をとったのだというべきだろう。社会主義圏の経済の崩壊は、その中の運輸関連の一分野である鉄道とその組織の失敗と停滞という、それほど派手でも心踊るでもない、ひとつの要素に分解できる。それはさらに、その一路線の移管というそれ自体が退屈で日常的な事件も、無数の構成要素のひとつとしている。またそれを、退屈な個々人の些事にまでさらに細分できるだろう。そうしたものが、静かに積み重なった結果として、ひとつの時代の終わりを告げる巨大な出来事に、今から約三〇年前の私たちは出会うことになった。そこではじめて「明日」を思い描かざるをえなくなったのである。

つまり「明日」は、決して突然ではなく、長い時間をかけて、少しずつやってくる。

おわりに――「あちら」も「こちらも」……

一九八九年

以下はまず年表のようなものである。

一九八一年に成立した米国のロナルド・レーガン政権（共和党）は「強いアメリカ」を標榜し、冷戦下、ソ連との対決姿勢を明確に示した。七九年以降のアフガン侵攻で、かつての米国にとってのヴェトナムを思わせる介入戦争の泥沼にはまっていたソ連は、財政危機にもかかわらず繰り出されるレーガン政権の軍拡に対抗しきれず、自国の社会主義計画経済の破綻とあいまって窮地においこまれた。そしてブレジネフ時代の負の遺産を清算しきれず世を去った前任者のあとをうけて、八五年、共産党政治局員中最年少で書記長の地位にのぼりつめたのがミハエル・ゴルバチョフであった。再選を果たしていたレーガンはソ連との対話路線に転じていたが、ソ連の政治・経済の体制内改革を目指す「ペレストロイカ」と「グラスノスチ（情報公開）」を唱えるゴルバチョフとのあいだに、融和的なムードを徐々に築いていった。

ソ連「帝国」の新指導者の方針に対して、最も強い反発をみせたのは東ドイツのSED（ドイツ社会主義統一党）、とりわけホーネッカー書記長であった。年長のマルクス・レーニン主義者として、ゴルバチョフにあたかも説教する態度すらみせたホーネッカーは、ソ連での出来事には距離をおくと言明した。また一九八七年、SEDの党文化担当責任者は西側の雑誌のインタビューに「隣の家が壁紙を張り替えたからといって、自分の家も張り替えなければいけないというものですかね」と皮肉で返し、この言葉は党機関紙に転載されて東ドイツ内で失望と憤激を生んだ。旧《ふる》く硬直したSED党執行部の理解不足は明白だった。

だが、冷戦が産んだ東ドイツ（DDR）の国家アイデンティティが（多くの東欧諸国が一応は主張できた民族国家としての自意識をもたないためもあって）社会主義と一党独裁体制の維持にある以上、ソ連発の改革路線に与するわけにもいかなかったのである。[1]

一方、多くの東欧の国々ではソ連の動きをみて、ある程度穏健な改革派へのリーダーの交代と方針転換が起きていた。ハンガリー、チェコスロヴァキア、ポーランドなどでは、「帝国」がこれまでより軛を弱めるらしいと気づくと、かつて抑圧されていたさまざまな民主化の動きが再燃する形となった。

一九八八年ごろから国有企業の廃止が決定されるなど、ハンガリーでは急進改革派の勢いが強まり、翌八九年年始から二月にかけて、「民主集中制」の廃止がおこなわれる。秋には決定的となる、一党独裁の廃止と議会民主主義への流れができていた。

一九八九年五月、改革が進むハンガリー人民共和国は、隣国オーストリアとのあいだの国境を阻んでいた鉄条網を撤去し、出入国の回路をひらいた。このニュースが、東ドイツの住民に決定的な衝撃をあたえた。東側の友邦への移動は許されていたから、それを通過して、西側に逃亡するという可能性がうまれたのである。

八月、夏の休暇を偽装した数万人規模のハンガリーへの移動が決行された。彼らは西側へのパスポートをもたず、国境の前で滞留するしかなかったが、ここで「汎ヨーロッパ・ピクニック」と呼ばれる、当初ピクニックを偽装した強引なオーストリアへの脱出が、ハンガリー政府の黙認によって計画実行された。一〇〇〇人近くの東ドイツ市民が、このとき脱出に成功した。この後、さらに数万人の東ドイツ市民がハンガリーに殺到した。ハンガリー政府は西ドイツのコール首相らと首脳会談をおこない、八月末、東ドイツ市民の出国を公認するオーストリア国境の全面開放を約束した。ソ連がこの件について沈黙を守るだろうという見通しがつくと、九月一〇日、ハンガリー内にいた一五万人以上の東ドイツ市民のオーストリアへの脱出がはじまり、彼らはそこから西ドイツに迎えられた。

ふたたびとめどない東ドイツ市民の脱出がはじまった。九月末には、プラハの西ドイツ大使館に押し寄せた五五〇〇人の東ドイツ市民にヴィザが発行された。東ドイツ政府は体制転換が進む友邦への旅行を禁止したが、脱出を妨げようとする体制に、市民の怒りはかえって内攻した。「共和国建国四〇周年記念行事」の建国記念日の二日後、一〇月九日、ライプツィヒで七万人が参加した非暴力的なデモが起きる。体制は、予想もできなかった規模の改革を求める民衆の声に屈服し、本来すべき行動をまったくとれなかった。ゴルバチョフの登場以来、当局の圧迫をうけながらすでにさまざまな形で試みられていた民主化運動に、決定的な弾みがついた。

一〇月一八日、SED内の宮廷クーデタによってホーネッカーが退陣させられた。すでにホーネッカーがゴルバチョフにまったく見限られていることがあきらかになったのを受けてのことだった。しかし後任のエゴン・クレンツ政権に、何ができるというものでもなかった。一一月四日、東ドイツ政府お膝元のベルリン・アレクサンダー広場で五万人規模のデモが発生した。

一一月九日、SED政治局員ギュンター・シャボウスキイの記者会見での不用意な発言をきっかけに、多数の東ドイツ市民が、「即時開放」を信じて国境に押し寄せた。群衆の圧力に負けた検問所が、ついに東西国境の通過を許し、「ベルリンの壁」はあっけなく崩壊した。この経緯は非常に有名であるので、そこから後に起こったことも含めて、ここでくりかえすことはない。

鉄道についてである。この歴史的に濃密な一九八九年の「ドラマ」に、東西の鉄道業にはそれほど脚光が当たっていない。東ドイツ市民の大量脱出を認めざるを得なくなったホーネッカー政権は、九月三〇日、彼ら逃亡者のためにプラハからの特別列車を出した。懲役刑にあたるはずの「共和国逃亡」罪を逃れる人びとの身元を確認しようと、東ドイツ自国内を通過させたが、無益な計算違いだった。東ドイツ市民の目に、無謬を称してきた党の失政がさらされた。一〇月四日の二回目の特別列車がドレスデンを通過するときには、出国希望をかなえられなかった多数の市民が列車に飛び乗ろうとして大騒ぎになった。[2] 一夜かけて南ドイツに到着した列車が通過する際、バイエルン州の線路上や駅では脱出者を歓迎する人びとが集まり、車窓越しに交歓した。[3]

「壁」崩落の一一月九日、東西国境にあたる鉄道駅にももちろん多数の群衆が押し寄せ、そこでも混乱のうちに、しかし平和裏に国境が開いた。「フリードリッヒシュトラーセ」駅では国境検問のシェルターが放棄され、東西の市民が複雑に折れ曲がった構内の通路にあふれた。

市内東西国境としてデモの舞台にもなっていたベルゼ橋にある「ボルンホルマーシュトラーセ」駅にも何千もの人びとが訪れ、国境を封鎖する遮断棒をあげて西に向かって進んだ。ひどく傷んだままに、Sバーン運行もなくなっていた空っぽの駅舎に目をとめる人はいなかった。[4]

すでに壁崩壊前の一〇月二九日、東西ベルリンの代表者が会合をもっている。これをうけて西ベルリン市庁では、将来の「壁」開放後の技術的・交通的準備のための計画グループを考えてはいた。だが、その「将来」が急に思いもよらぬ形で来てしまうと、とりあえずは事態の進行を見守るしかない。Sバーンの再建が、ただちに動き出すわけにはいかなかった。

一九八九年が両ドイツ国家にとって建国四〇周年にあたる以上、両国鉄にとっても四〇周年にあたる。当然、記念出版が企画されたが、秋以降の東ドイツ情勢の急変に頭を抱えていたのは、

『ブンデスバーン四〇年　一九四九〜一九八九年』をまさに一一月中に上梓しようとしていた二人の著編者、とりわけ一九七二年以降の部分を担当したウルリヒ・ラングナーだっただろう。

　ゴールケDB総裁の序文を掲げたこの本は、膨大な新聞雑誌記事を選択・編集して年表付きの分厚い四〇年史の形にしようというものだった。工科大学卒のラングナーとホルスト・ヴァイゲルト、それに出版社は、完成間近い時期におそらく苦労して、末尾の末尾に上記の一〇月一日に到着した脱出者の写真二葉をはめこみ、「転換?・」と題した短いあとがきを書いた。

　いわく、予想もつかぬ未曽有の変化が激しいテンポで起こっている。四〇年にわたる分断を経て、ふたたび多くの市民が東西の行き来をはじめる。「鉄のカーテン」は落ちた！　だが、全てが三〇年前と同じではない。DBは超高速化時代に突入し、西ドイツはこれまでの「東への廊下」から中欧の「中央廊下」になるだろう。一方、DRは老朽化し、傷ついている。鉄道はこれからどのように時代の趨勢についていくのかはわからない。だが、この転換期、新しいヨーロッパの行く道はおそらく鉄道とともにあるだろう。[5]

　そこに一一月九日の一報である。一〇月一日で終わっていた一九八九年の年表に「一一月九日」の項目として二〇語ほどを慌てて（あくまで想像だが）付け加えたらしい。よくやったというべきであろう。

　一一月九日　DDRが国境を開く。突然、ほぼ予期せぬ旅行の自由が導入される。旅行自由化の再導入により、両独間の交通は、まったく新しい次元を得る。[6]

このとき、まだ、東西両国鉄が一体化するという数年先の未来を予想できた者などいない。一九九〇年一〇月三日、ドイツ再統一がなるが、DBとDRは将来の一体化を約束しつつ、連邦共和国内に併存した。民営化による再統合で「DB　AG」が成立したのは一九九四年である。それからの二〇年、三〇年については、また別の叙述があるべきだろう。

東西ドイツ国鉄の経験から——Fazitに代えて

告白するが、ドイツ語の分厚い研究書に「Fazit（要約）」という小見出しをみつけると、やや安堵する。章ごとのあるいは分厚い一冊全体の要約であって、これを読むことで、苦労してもわからなかったそれまでの内容がようやく腑に落ちることがしばしばである。研究論文とか専門書というのは、実はルールさえ知っていれば、文芸書などよりはるかに親切で読みやすいところがある。

そんなことをいいながら、読者に不親切な種類に属する本書には「Fazit」はない。申し訳ないが、それは筆者の能力不足による。ひとつの世代としては長い、そして一方で歴史のなかではごく短いといえる半世紀とその周縁のものごとの経緯をなんとか追ってきたが、その内容を的確に要約できるかというと、とても難しいのである。ただ、厳密にいえば「Fazit」ではないにせよ、それに似たものを書いておきたい。

第一に、西ドイツ国鉄（DB）と東ドイツ国鉄（DR）は、戦前のドイツ・ライヒスバーンの何ものかをそれぞれ引き継いでいたことがわかった。「新生」はなかった。なんらかの強い連続性は、一九七〇年代にいたるまで双方にみられた。どちらかがそれから、遺産の正負の性質を問わず、完全に脱したわけでもなさそうである。

第二に、組織としての両ドイツ国鉄は、体制の相違と無関係に、存立の限界を迎えていた。それぞれに「組織の存立」の文脈は異なるが、DRにおいては物理的に端的にそれがあらわれたとはいえそうである。ただ、現代の民主主義国家においては公共部門が巨大な赤字を生み出しつづけ、国民の税金がそれにあてられることも、公共部門であるから当然、とはこと経済部門に属する組織の場合はいいにくく、もしDBが企業であれば――企業のはずであった――それはダイレクトな意味で危機ではある。結局、両独の国鉄は潰れた。いや、「潰れた」とは（DBのみならず）双方にとっていい過ぎで失礼かもしれない。だが、組織として無事には「転換」の時期を乗り越えられなかったことはたしかである。

第三に、その国鉄の危機は、国家の鉄道であるという側面から相当部分以上が生じていた。両独政府が鉄道セクターに対して、とくに親切丁寧に、あるいは発展を積極的に後押しする方向でふるまったという局面は、半世紀でほとんどない。やや無関心に突き放すか、過大な要求をするか、さもなければ政治的な支配者の天下り先とするか、とにかく便利なリゾートとしてあつかった。このあたりは、戦前のドイツ・ライヒスバーンとナチ政権との関係によく似ていて、それを本質的に引き継いだといいたくなる。だが、一九世紀的な公共交通機関と二〇世紀国家の折り合いの悪さというような面も強そうである。だからこそ、日本も含めて多くの国の経験と重なるところがある。

第四に、分裂の時代のふたつの国鉄の経験から、近現代ドイツという国家の成り立ちについて、なにかしらの示唆がある。

これまでドイツ、ドイツといってきていきなりのようだが、歴史上、ひとつの「ドイツ」があった時期は限られているし、ドイツ語を喋る人たちの住む国や地域は厳に地続きで他にもあるという厄介さは永遠に消えない。つまり、ドイツ史の常態は地域分裂なのである。いまのドイツ連邦共和国も、名前負けのところはややあるが、「州」には知事ではなく州首相がいて、ザクセン、バイエルン、テューリンゲンといった自意識の高い州は「自由国」を名乗っている。これは近代以降も続いた歴史をふまえ、かつ経済構造的な実態もある。一九世紀に開始されたドイツの工業化は物的・人的な資源賦存や地域国家の政策に依存して地域性が高く、統一国家不在のなかで進んだ。これはよく知られた事実である。

とはいえ、「ドイツ」単位の国民経済を支える仕組みの重要さを見落としてはいけないというのも、ふたつのドイツ国鉄の経験で考えられることかもしれない。上の論法でいけば、統一された「ドイツ経済」すなわち国民経済などというものは本来いらないのであって、東西に分裂したドイツは両方ともうまくやっていけそうなものである。

ところが、そうはならなかった。地域経済の自律性からして、西部ドイツがなければ東部ドイツが成り立たないというものでもないはずだが、現実にあった「ドイツ分断」は、資源や技術情報や国際貿易システムとの遮断によって、一方の地域を崩壊させたこともたしかなのである。このとき国民経済がもしあれば、東ドイツが遮断されてしまったものへのアクセスは可能になっていた。東ドイツが中部ドイツという一大工業地域を現にもっていたこと、しかし、にもかかわらず、それを搾り取るだけで工業国としての成功からは結局、遠かったことは何を意味するだろうか。限られた地域間の資源移転だけではこのとき、自律的な地域の人工的混合物である東ドイツ国家とその経済を維持できなかったという事実ではなかっただろうか。

DR自体をとってみれば、名前通りの「統一ドイツ（＝「ライヒ」）鉄道」でなくなったからダメになったというわけではない。ただ、「ライヒの鉄道」を名乗りながら、やがて中部・東部ドイツという地域の中に閉じこもり、自足するのに精いっぱいになったことは——東ドイツとソ連「帝国」の体制がそうさせたのだが——、DRの可能性を自ら潰えさせたかもしれない。国家経済における最重要の物流の担い手の地位を守りながらも衰退的という不思議な捩れの根本にある問題を、その点に探りたくもさせる。

一方で、「連邦の鉄道」というまさに地域性を刻印された名前を与えられながらも、中央集権的な組織(「国鉄」)でありつづけ、早くからヨーロッパを志向、少なくともそう連呼するようになったDBは、なおEUという連邦的かつ地域分立的な枠組みのなかで、「DB AG(ドイツ鉄道株式会社)」としてその可能性を生かしつづけている。

長い戦後の終わりに

本書は一九八〇年代の終わりまでを扱った。「ベルリンの壁」崩壊とともに東ドイツの体制が崩壊し、西ドイツの「基本法」の枠組みによる併合の形で、社会主義国家が消滅する時期である。そうなると必然的に、最初にふれた「比較経済体制論」的な関心としては、社会主義体制による経済運営のシステムに埋め込まれている致命的な欠点を確認する結果となったかもしれない。フリードリヒ・ハイエクの翻訳を一冊読めば[7]それは書いてあることではなかったか。

だが、そこで説得的に主張される市場の優位をいうよりも、「何が正義なのかは容易にはわからないが、何が悪いのかについてはたえず検証していくことで私たちはそれがわかるし、丹念に排除していくこともできる」という意味の、ハイエクの議論の背景にある、長い伝統をもつ「正義」観(「消極的な正義論」[8])を思い起こしたい。私たちにとって、市場がやはり不可欠のものであること、それを否定するところには可能性は乏しいということは、公益事業としての側面が非常に強い「国鉄」においてすら見出せたといわなくてはならない。

だからといって私は、サッチャリズム、レーガノミクス、中曽根行革など、新自由主義の「成果」が目に見えてあるようだった懐かしの一九八〇年代から九〇年代初頭にもどり、社会主義圏の崩壊を思い出して、「資本主義」や市場経済の凱歌をあげようというのではない。市場経済が人間社会の万能薬ではありえないことを、本書が扱う時代に続く二、三〇年で、かつての「旧東ドイツ」こと「新連邦州」(再統一以降のドイツ連邦共和国における呼称)は経験してしまったのではないか。私たちがそれについて何も考えずにいられるはずはない。今日、多くの市場経済への懐疑は、正当にもそれらの経験を踏んでなされている。

しかし、この三〇年で私たちが忘れてしまったことを、外国の鉄道の経験によって、自分たちのものとして思いだすという、そのことは書きながら意識せざるを得なかった。

第二次世界大戦の終了後、西ドイツ社会では意図的に経済活動が優先され、生産と消費が社会の第一義となったといわれる。

> (……)西ドイツの人びとの関心を政治から生産や消費へと逸らす必要などなかった。それは心の底から、ひたむきにその方向を目ざしていたのである。
>
> 作ること、貯めること、買うこと、費やすことが、西ドイツの大方の人びとの基本的活動であるばかりか、公的に肯定され賛同された国民生活の目標となった。[9]

もちろん経済活動だけが人間の活動ではないし、全てを経済的効率性の基準から判断することは誤りである。大事なことには目をつぶり、あるいは恐ろしいことを忘れ、ひたすらに金稼ぎだけに邁進する――そんなことが本当に普通の人間の社会に可能かどうかはわからないが――そうした態度が個人や集団に見られたとき、それをほめたたえて高く評価するのは難しい。だが、食べること、着ること、屋根と壁のある場所に眠ること、そのために作ること、買うこと、費やすこと、そして明日に備えて貯えることを最優先に考えなければいけない時期というものはあった。それが第二次大戦直後であった。

やがて物理的にその必要がほぼ満たされても、私たちがそれこそ合理的経済人というだけではない、社会的存在であればこそ、隣人との比較やまだ見ぬ将来への予測や「理想」を介して、物質的な限界を超えたところに物質的欲望と何ものかへの餓えは続くだろう。そして、もしそれを満たさないでいれば痛みを思いおこし、不安にさいなまれるだろう。だからもっと作り、もっと貯めなければならない。経済成長に本来「ここでよい」はないはずなのであった。

そうした意識が社会の大半に共有されていたのは、大戦時の痛切な記憶があり、それが世代間に共有されていたからだろう。歴史的にひとまとまりの時間としての戦後は、長く続いた。

戦後の最初の終わりは、おそらく一九七〇年代に「そんなことは続けられないかもしれない」という不安の風が吹いたときであろう。このとき、現実に、西ドイツの一九世紀以来の本来の成長軌道への急回復という意味での戦後的高成長が終わった。これは多くの西欧工業国の経験だった。

西側にとっての一九八〇年代は、一九世紀の工業化期以来、第一次世界大戦の直前まで続いていた、本来の成長軌道への長い収束過程がついに完了した時期だったといえる。年平均成長率二パーセント程度の緩やかな工業的成長経路と、それを支える技術革新が誘引する成長システムがかつてのドイツ経済にはあり、第一次大戦にはじまる三〇年の混乱でこれが中断していた。五〇年代・六〇年代の急成長は、それへの回帰のためにあったことになる。

東側では、一九八〇年代は別の意味をもった。戦後的な回復をまだ完了できていない地域として、東ドイツを含めた社会主義圏の多くの東欧の国々はあったのだ。二〇世紀前半に、第一次世界大戦とその「戦後」の苦しみ——いわゆる世界大不況も、実質的には一九一〇年代後半にはじまった「第二の三〇年戦争」「真の（長い）世界大不況」の経済停滞の端的な現れであった——そこから逃れるための最大の処方箋として、程度の差はあれ機能不全の市場経済からの脱却が提示された。

そのうち、ファシズムに代表される民族主義的全体主義の戦時経済は、戦争の敗北とともに舞台から転がり落ちた。だが、その「敵」であった社会主義経済の威信は第二次世界大戦で高まり、多くの「戦後」に苦しむ国で自発と強制の境目で揺れながらシステムとして採用された。その効能の限界と副作用があきらかにされたのが一九八〇年代末であった。そこで「冷戦」とともに「戦後」も終わりをはじめたのである。

この遅れた「戦後」のテンポを急にした最後の局面で、東ドイツ（DDR）の人びとは何を考えただろうか。等しく豊かになることに失敗したから、等しく貧しくなることを目指そうとは、誰も考えられなかった。考えられるはずがない。また、等しく貧しくなれと命じられることも、等しく貧しくなるのはよいことなのだと説得されることも、東ドイツの大多数の人びとは、「壁」崩壊後、はっきりと拒絶したのであった。

最初で最後の自由選挙となった一九九〇年三月一八日の人民議会選挙の結果がそれであった。なんらかの形で社会主義体制を維持しようという勢力はもちろん、強権的な社会主義でも拝金主義的な資本主義でもない理想的な第三の道を目指すべきだとする勢力も、大多数の人びとによって支持はされなかった。そうした勢力が、事実上の選挙の勝者であるコール西ドイツ首相にくらべて民衆に対してより傲慢であったわけではない。ただ、かつての東ドイツである「新連邦州」の将来にむやみに楽観的だった「統一の宰相」コールも結局はまたそうであったように、人びとの「一刻も早く豊かになろう」とする望みの背後にあった、なにかの歴史的な文脈を理解していなかったのだとはいえる。

一九九四年一月、「株式会社ドイツ鉄道（DB AG）」成立。西ドイツ国鉄（DB）と東ドイツ国鉄（DR）は、ともに冷戦時代の「ふたつのドイツ国鉄」としての姿を消した。それぞれの終わりは、ふたつのドイツの異なる戦後の終わりと重なっていたのではないだろうか。

あとがき

「ちょっとまって！　わたしたちがおとなになったら、きっと戦争のない星にして、地球をもっともっと、たいせつにするわ……。」

——小松左京「宇宙人のしゅくだい」

子どもはみな、ある年齢くらいまではたいてい鉄道が大好きなようだ。我が家にいた幼児のことを考えても、赤ん坊のころは家の窓から電車がとおるのをみて片言で「ハンワ！　ハンワ！（JR西日本阪和線のこと）」と連呼していたし、今はなくなってしまった大阪・弁天町の交通科学館の模型ジオラマでは自分より大きなお兄ちゃんたちに一人小さいのがまじって、興奮のあまり硬直していたのを思い出す。プラレールも随分買ったし、「カシオペア」などの素敵な特急電車をただ眺めに、親が遠くまで連れて行ったこともある。

ところが、ある齢回りから興味は別のものにうつって、いまは鉄道にたいしてそれを眺めるほどの関心があるのかどうか。長い鉄道旅行に出かけたとも聞いていないし、模型の類も部屋になさそうだ。大学などの知らないところで、実は鉄道の足回り（台車）への工学的観察に熱中していることもなさそうである（ちなみにある方に教えてもらったが、「鉄」こと鉄道ファンのなかで一番偉いとされるのが、「乗り鉄」でも「撮り鉄」でも「組み鉄」でもなく、この機械方面に強い「重鉄主義者」なのだそうだ。名称も含め、真偽は定かではない）。

こうした「『鉄』離れ」の現象はよくあることのようで、漫画家の唐沢なをき氏の書かれた説によれば、これは多くの子どものもつ「巨大なもの」への始原的な関心が、テレビの怪獣や巨大ロボットに移るからではないかとのことである。自分のことを思いだすと、そんな気もする。もっとも、しかも鉄道もゴジラ、ガメラ、ウルトラマン、マジンガーZ、ガンダム……といったオタク的巨大物件も両方大好物という人は私の知人に多い。いや、なにが「知人に多い」だ。私自身もまあ、そうではないか。

大人になっても「巨大なもの」への憧れや関心がそのまま維持されているわけであるが、これをまさか幼稚とは呼ぶまい。呼ぶ人もいるだろうが、間違っている。加齢とともに、かつてもっていた目に見えて巨大なものへの関心が、巨額の金銭だとか世界的大組織だとかあるいはそこでの高い地位・権力だとか、あるいは世界全体の仕組みにかかわる秘密だとかに移ったとしても、それはそれで結構なことだが、単に関心の向き方が陰に籠っただけだともいえる。

それだけでは、大人になったわけではないだろう。成長というのは、何かを年月の経過とともに切り捨てることではなく、膨らませ、付け加えて、かつてあったものとバランスをとって自分の内部に両立させることのはずだからだ。

鉄道についての関心も――「鉄」のどれが一番正しいということがないようなもので――方向性が多様であってこそ、「成長」があるのではないかと思える。これは、なんのことはない、「鉄道史」としての本書の弁解である。

本書は、先に自分が使ったことばを使えば、やや陰に籠った関心を二〇世紀後半の両ドイツの鉄道に向けている。たくさんの車輌が登場し、多くの目立った鉄道人の名前も山のように出てくるが、主な関心はそれをとりまくシステムと組織にある、そんな「鉄道史」である。鉄道車輌やその運行メカニズム（たいていが、かなり「レトロ」な興味をかきたてるものだ）に触れない鉄道史はありえないが、それらの写真で紙面を埋め尽くすことはできないし、しなかった。そうした「鉄道史」を楽しむうえで、本書が採用した角度からの「鉄道史」はまず欠かせないものだと思えるからだ。

鉄道というのは、誕生以来、工業化による技術革新の成果を摂取し続けた技術体系であり、そして私たちが国家や軍隊や大教団ではなくはじめてもった巨大な組織でもあった。これらは主に一九世紀に起こったことである。鉄道にはやはり一九世紀（「長い一九世紀」）がよく似合う。そうでなければ、なぜ私たちは自身にそれほど馴染みもないSLに目の色を変えるのか。

そして近代国民国家の国民である私たちもまた、一九世紀の子であるというのは、よくいわれることである。とんでもない話だ、いまは二一世紀だ、といわれるかもしれない。だが、この二、三〇年、いや二〇世紀の二〇世紀的な数十年（「短い二〇世紀」）に付け加わったものが、私たちの意識を本質的に根底からガラッと変えました――といえるかどうか、ＩＴやバイオだって「ポストモダン」だってそもそも「モダン」に根源のあるものだというのを考えてみてほしい。

一九世紀の子である鉄道が、しかし一九〇〇年代のどこかで老化の末に天寿を全うしたわけではないのもたしかである。鉄道も、私たちが、あるいは世代をつないで生き続けていかなければならなかったように、一九世紀的な本質、自我といったものを抱えて生きてきた。二つの世界大戦と経済社会の激変をこうむった時代である二〇世紀前半を潜り抜けたのである。

その鉄道が、その後の「短い二〇世紀」の後半、すなわち現在の本当に手前にあった歴史的時間をどのように過ごしたのかを知る意味は、私たちにとって大きい。鉄道は、当たり前の話だが、今も私たちとともにある。どのようにしてそれは可能であり、必然であったのか。

その経緯を、急速に発達した科学技術の貪欲な摂取とその華々しい成果でのみ、もしも描けたならば、きっと楽しいだろう。だが、その背景にあるものを知らなければ、超高速特急列車に対する純粋無垢の興味や関心もまた、いつか、ふと、はかなく喪われてしまうかもしれない。逆に、背景にのみ関心をもつこともまた、そうした危険を帯びている。そこにあるのは私たちの認識の成長ではなくて、やはりただの頽落だということになりそうである。

＊

私たちの近現代史は、「ドイツ」という語を一度も使わないでそれを叙述分析することが不可能である。この一点だけで、日本語でドイツ史を書く試みは永遠に――私たちが現に映画『人狼JIN-ROH』（押井守原作・脚本、沖浦啓之監督、二〇〇〇年）の舞台である「ドイツに占領された日本」に生きてドイツ語を「国語」としていない限りは、いやそれだって――是認される。

それにしても鉄道を扱わなくてもいいはずだが、少なくとも近現代の「ドイツ史」の所々に鉄道の姿はある。それ以上に鉄道は「ドイツ」の形成に意味があって……ということをなんとか言おうと思って、前拙著『鉄道のドイツ史』（中公新書、二〇二〇年）を書いた。機会があれば是非ご一読願いたい。

本書は、「ドイツの鉄道」が作った「ドイツ」が地理的に分裂しても、なお「ドイツ」でありつづけた様を描いているともいえる。一九八九年秋以降の出来事を「再統一」と何の屈託もなく呼べるかどうかはわからないところがあるが、そのあたりのことは、一九九四年にDRとDBが統合された「DB　AG」がそのまま西ドイツ国鉄DBでもなければ戦前の「ドイツ・ライヒスバーン」でもない、でありながらどんな意味でも「ドイツ国鉄」としてそれらと連続している、といったあたりから、考える糸口があるかもしれない。

＊

私たちは高台に立って、あたりを見回していた。沼地が見え、狩りでよく知っている森が見え、そして突然ある女性が列車を指差した。その列車の機関車は、通常より多くの貨車を牽いているのがよく見えた。太陽で列車の屋根が光っていたのを覚えている。司祭もそれを見た。誰かが「ユダヤ人が乗っているんだ」と言った。私たちはその光景から目をそらすことができなかった。皆が太陽に輝く列車を見つめていた。

（サーシャ・バッチャーニ『月下の犯罪』伊東信宏訳、講談社選書メチエ、二〇一九年、九〇頁）

こうした景色に文字の上で触れるだけで痛みの感覚をおぼえるが、それは別に私が曲がりなりにも一度、ナチ時代のドイツ・ライヒスバーン総裁ユリウス・ドルプミュラーの小伝（『鉄道人とナチス』国書刊行会、二〇一八年）を書いたことがあるからではない。誰の感情を喚起する力も強い出来事である。また、ある感情がかきたてられたからといって、それは「その光景から目をそらすことができなかった」者の人間性も含めて、何事も保証したり裏付けたりするものではないだろう。歴史の本がそのぶん上手に書ける（書けた）わけでもない。

ただ、たとえば貨車のなかにいただろう人びとの渇きや飢え、痛みや不安、ときに絶望を無視してしまい、クールな頭脳を駆使してフォーマルな議論を展開するのだといってみても、それの何が社会科学で何が人文学なものかという気はする。そもそも頼まれて「研究」をやっているわけではない私たちが、最初から彼らの苦しみに無関心ということはあまりないだろう。

だが逆に、中途半端な思い入れのあまり、他者の苦しみを自分自身の何かの主張の担保代わりに使ってしまうことはありがちで、下手をするとそれが「目をそらすこと」に近づく。

ここでは、私たちにはとうてい想像しようもないことを、想像しなければならないのである。

＊

本書の扱った時期と対象は、幸い（といわざるを得ない）、少なくともある時期からは、右記のものと比較になる規模での殺戮や収奪が横行したわけではない。その継続や、新たな文脈でのそれに近い事態からの離脱は、東西ドイツの人びとがともに高価な代償を払いながらもなんとか成し遂げた。

ただ、その後、社会における暴力と貧困については、ふたつの国家で差が生じた。このことを無視して、体制やシステムの効率性やその比較を語ることもまた、許されないだろう。たしかに東ドイツ（DDR）にせよ、最終的にそこにあったのは戦後まもなくの生存にかかわる貧困ではなく、西側の消費水準に照らしてのあくまで相対的な貧困にすぎなかったとはいえる。国家権力が独占する暴力による社会支配も、規模的にはやや誇張して語られてきた。そして西ドイツ（BRD）に「黄金の繁栄」と平和だけがあったはずもないのは、一九五〇年代の東ドイツ国民の数少ない特異な経験談を真に受けないにせよ、「冷戦」下であるだけでも事実だとわかるであろう。であれば、貧困や暴力にからめて体制を比較するのはピント外れまたは時代遅れであり、その意図を邪推されても仕方ないものであろうか。

「相対的な貧困」を軽視しては、やはりならないと思える。このグローバル化と情報化の時代に、「隣人に照らして相対的に」貧困であることのもつ意味は、私たちの社会で一層大きく、深刻であるといえる。生存水準以下の絶対的な貧困が支配的な地域を今も地球上にもつ一方で、私たちの社会は、対外的・対内的な、そして水平と垂直の両方向での「相対的貧困」を問題とせざるを得なくなった。

経済体制を論じる上で、何十年も前から工業国であり、大戦間期と一九六〇年代には相当の豊かな生活を（しかも、ある程度以上の平等さで）手に入れることができるようになった東ドイツの社会が、国家経済は破綻に近づいたとはいえ、平均的な生活水準が生存危機にまで落ちたわけでもない八〇年代の数年間で、どうして多くの国民にとって耐えがたいものになったのか。これは、三〇年前には気づかなかった、私たちの現在の問題ではないだろうか。

現代社会の相対的な貧困の問題に対する「コロンブスの卵」のような回答として、「皆が平等に貧しくなる社会」が唱えられることがある。「脱成長」とセットで語られることも多いようである。やみくもな経済成長やそのための過酷な競争をストップさせ、少なくとも社会的公正を第一義としてコントロールし、物質的な欲望の最大限の追求を社会的目標としないこと。よしんば現実にそれが物質的に今より不便で今より消費量がおちた社会であっても、「皆が平等に今よりは少し（どの程度かはともかく）貧しくなる」社会。その魅力は、私たちをなかなか放さない。

だが、そうした社会が実現するならば、いや、ただ実現させようとするだけで、そこには心豊かで平穏で、物質的なものに代わる精神的な価値を第一義とする、いわば老荘の社会とは似ても似つかぬ社会が現われるおそれはないだろうか。マルクス・レーニン主義の立場から物質主義的なあくなき成長を目指した東ドイツの経験はそれだ、というのでは決してない。しかし、結果的に「皆が平等に相対的に貧しい」ことになった社会は、隣邦の存在だけで、いや実際にそれを見られる人びとも少なかったのだから、それを想像するだけで、崩壊した。非民主的な独裁国家の強圧と相対的貧困とは論理的には一対一で結びつかないのだ、というそれ自体はもっともな理屈は、今度は私たちの耳に届くのだろうか。

もしも「皆が平等に相対的に貧しい」社会が、一定の民主主義のもとで存立できたとすれば、それは西ドイツ（ＢＲＤ）はじめ西側諸国が経験した持続的高成長の時期に（社会として成長信仰的な思想からたとえ〝脱〟していようとも）重なるだろう。私などは昭和の高度経済成長時代をぎりぎり思いだせるが、それは今よりもはるかに、暴力の全般的に横行する社会ではあった。貧困と暴力とがセットであることを否定できる者はいまい。国家権力のもつ暴力的装置のみならず、前時代の個人・団体の振るったものより洗練された暴力手段が社会の隅々に浸透した、極度に暴力的な社会ができあがるおそれが今後ないとはいえまい。

過去の暴力的な社会からは、歴史的経験としては、物的な経済成長とともにようやく脱してきたという実感がある。そして、そうした暴力の津々浦々の横行を、懐かしむ人びとが少なくないのを、ときに訝しく思うのである。

＊

最後にもう一度、開高健『夏の闇』の終曲に戻ろう。

「東」も「西」も、けじめがつかなくなった。「あちら」も、「こちら」もわからなくなった。走っているのか、止まっているのかも、わからなくなった。

つぎつぎと駅につくが、どの駅もこの駅もおなじようにからっぽで、おなじように荒寥としているので、不動の一つの駅があってそのまえをとめどなく走りつづけているような気がしてくる。

本書は、東西ドイツ比較史の特殊な角度からの瞥見であった。東西ドイツの戦後史をたどることで、その体制を比較し……などと考えてはじめたものの、作業を進めるうちに、ちょうどこの主人公の酩酊に似た不安定な感覚にしばしばとらわれた。「西」も「東」も、「あちら」も「こちら」も本質に変わりがないではないかと、「わからなくなった」。それはたぶん、本書であつかった、西ドイツから舞い戻った鉄道員たちや、西ベルリンSバーン従業員たちの生活感覚に少しだけ似通った瞬間があったのではないだろうか。「あちら」と「こちら」のあわいに生きた彼らは、おそらく体制の差異など自分にはたいして関係がないのだという達観をもっていただろうし、走るでも止まるでもなく漂う不安に、あるときまで身を任せられる知恵をもっていたといえるかもしれない。

だが、それは本当に「知恵」であったのかどうか。

「不動の一つの駅があってそのまえをとめどなく走りつづける」わけには、やはりいかなかったし、いかないのである。そうあるべきでもないのであろう。たとえベルリンSバーンに本当に環状線が再開した現代にあっても、ぐるぐる回り続けること、元の駅に戻ることは望もうとてもできない。どこかに行かなければならない。そしてそれは、過去の「あちら」でも「こちら」でもない、未踏の場所である。それが、一体化する世界のなかでもはや「あちら」に何事かを預けてしまえなくなった、今日に続く明日の私たちの「こちら」である。

＊

幕を引いてからの広長舌がすぎ、御礼が遅くなったことをお詫びしたい。

本書の執筆の機会を作ってくださったのは猪木武徳先生（大阪大学名誉教授）である。長年にわたりお世話下さるばかりであるが、このたびも心よりの感謝の言葉しかない。

また、執筆と本の作成にあたっては担当編集としてNTT出版・宮崎志乃氏のご尽力をえられた。昨年から、別に新幹線が停まっているわけでもないのに、東京と大阪の距離が急に随分できてしまった感があるが、いつかまたお目にかかって御礼申し上げたいと考えている。

本書が上梓できたのは、もちろん内外の参考文献のご著者たちも含め、多数の方がたのおかげである。ここにその名を全部あげることはできないので、最も直截にお世話になったお二人に代表を勝手にお願いし、お礼を申し上げる次第である。どうもありがとうございます。

なお本書は、家族のうち、この本の扱った時期の後に生まれている二人にまず手渡したい。読んでくれるかどうかは彼ら次第だが……。二〇世紀も、二一世紀の最初の二〇年も残念ながら果たせなかった私たちの課題、「宇宙人のしゅくだい」（小松左京）を提出してくれるのは、ふたりの属する明日以降の世代であろう。昨日の記録である本書が、その「宿題」になにか少しでも役に立てばと思う。

二〇二一（令和三）年二月

著者

⁂

10. Abelshauser [1994] 24-30; これに対する批判は工藤 [1999] 447-451, 463 ; 20世紀前半の景気変動にみられる急変についてはRitschel and Straumann [2010] .

"Informationsbericht der Politischen Abteilung der Reichsbahndirektion Berlin, Sektor West", Berlin, den 24. 09.1980, i.BA Berlin-Lichterfelde DM1/39259, N.page.

44. Deutsche Reichsbahn / Reichsbahndirektion Berlin/ Politische Abteilung (I, V.Schmidt, Reichsbahn (Hauptrat, Leiter der Abteilung)) "Informationsbericht der Politischen Abteilung der Reichsbahndirektion Berlin, Sektor West", Berlin, den 27. 09.1980, in BA Berlin-Lichterfelde DM1/39259, N.page.

45. Deutsche Reichsbahn / Reichsbahndirektion Berlin/ Politische Abteilung, "Informationsbericht", Berlin, den 28. 09.1980, in BA Berlin-Lichterfelde DM1/39259, N.page.

46. Deutsche Reichsbahn / Reichsbahndirektion Berlin/Der Präsident, Bericht zur Lage in Westberlin, Berlin, den 28.09.1980 (Stand 6 Uhr), in BA Berlin-Lichterfelde DM1/39259, N.page (1-2).

47. Kuhlmann [2020] 140.

48. Deutsche Reichsbahn/ Reichsbahndirektion Berlin/ Politische Abteilung, "Informationsbericht der Politischen Abteilung der Reichsbahndirektion Berlin, Sektor West"Berlin.den 29.09, 1980 in DM1/39259, N.page.

49. Langfermann, Bernard, "Die Senat muss indie Pflicht genommen warden" in *Wahrheit* (18.09.1980).

50. Deutsche Reichsbahn / Reichsbahndirektion Berlin/ Politische Abteilung (I, V.Schmidt, Reichsbahn (Hauptrat, Leiter der Abteilung) "Informationsbericht der Politischen Abteilung der Reichsbahndirektion Berlin, Sektor West", Berlin, den 27. 09.1980, in BA Berlin-Lichterfelde DM1/39259, N.page.

51. 以上の経緯は, Kuhlmann [2020] 140-147.

おわりに

1. Wolle [2011] 77-82; Mählert [2009] 146-150 (伊豆田訳 [2019] 165-169); Rödder [2020] 10-12; 河合 [2020] 213-216.
2. Rödder [2020] 36-37.
3. Weigelt and Langner [1989] 691.
4. Berliner S-Bahn-Museum [2009] 22-29.
5. Weigelt and Langner [1989] 693.
6. Ibid., 673.
7. たとえば, Hayek [1988] (渡辺訳 [2009]).
8. 古賀 [1981] 85.
9. Judt [2005] 274 (森本訳 [2008] 351).

22. Fremdling [2020] 194-224.

23. Fremdling and Stäglin [2003] ; Sleifer [2006] 29-47; Fremdling and Stäglin [2012] ; Fremdling [2020] 52-61.

24. 石井 [2010] 153-178, 217-245; 白川 [2017] 322-340.

25. Sleifer [2006] 37-40.

26. Ibid., 40.

27. Kaschka [2011] 281-293.

28. Wolle [2011] 114; Fulbrock [1992(2000)] 72 (芝訳 [2009] 104) ; Mählert [2009] 123-124 (伊豆田訳 [2019] 138-139).

29. The Wall Museum [2020]

30. Komitee der Deutschen Demokratischen Republik zum 750 jährigen Bestehen von Jahre Berlin [1986] 305.

31. 河合 [2016] a, 21-24.

32. Biskupek, Wedel and Pierau [2003] ; 河合 [2016] b.

33. Koschinski [2019] 194-203; Biskupek, Wedel and Pierau [2003] 139.

34. S Bahn-Museum [2002] 102-105; Kuhlman [2020] 138-140. 以下, ストライキの経緯については特に注記のない限りこれらによる.

35. From Luoas (Deutsche Reichsbahn / Reichsbahndirektion Berlin/ Politische Abteilung) to Mentzel (Poltische Verwaltung der Deutschen Reichsbahn), Berlin, den 19. Juni 1976 in BA Berlin-Lichterefelde, DM1/39259, N.page.

36. BA Berlin-Lichterefelde, DM1/39259.

37. Politische Verwaltung der DR/Abteilung Parteiorgane/Sektor Parteiinformation, "Fmdl. Information des Parteisekretärs Bf Berlin Ostbahnhof", Berlin, den 19. 09. 1980, in BA Berlin-Lichterfelde DM1/39259, N.page.

38. (Schmidt ; Reichsbahn-Hauptrat, Leiter der Abteilung) "Kadervorschläge gemäss Auftrag des Genossen Präsidenten vom 23.09.1980", in BA Berlin-Lichterfelde DM1/39259, N.page.

39. Politische Verwaltung der DR/Abteilung Parteiorgane/Sektor Parteiinformation, "Fmdl. Information des Parteisekretärs Bf Berlin Ostbahnhof", Berlin, den 19. 09. 1980, in BA Berlin-Lichterfelde DM1/39259, N.page.

40. "Bahnpolizei vertrieb mit Aexten die Streikenden der Reichsbahn" *Spandauer Volksblatt Berlin,* (23.09.1980) in BA Berlin-Lichterfelde DM1/39259, N.page.

41. Kuhlmann [2020] 139.

42. "Einschätzung der Politischen Abteilung der Rbd Berlin-Sektor West zur gegenwältigen lage" (23.09.20:00) in BA Berlin-Lichterfelde DM1/39259, N.page.

43. Deutsche Reichsbahn / Reichsbahndirektion Berlin/ Politische Abteilung,

ienststellen der Deutschen Reichsbahn in Westberlin zur Vorbereitung der Wahlen am 12.03.1967", Berlin, den 22. 02.1967, in DM1/39260, N.page (1-10).以下本文中(　)内はこの文書のみのページ番号.

24. Deutsche Reichsbahn Reichsbahndirektion Berlin Politische Abteilung, Einschätzung der politischen Massenarbeit der Betriebsgruppen der SED-W bei der Deutschen Reichsbahn in Westberlin, Berlin, den 15.12.1967, in DM1/39260, N.page [1-10].
25. Kaschka [2011] 217-225.
26. マーザー [1995] 140-160. ブラント「東方外交」の評価については妹尾 [2011] 参照.
27. Wolle [2011] 69-74; 弓狩 [2004] 186-187.
28. Berliner S-Bahn Museum [2002] 102; Kuhlmann [2020] 99-100.

第6章

1. Weigelt and Langner [1989] 531;Koschinski [2019] 14-21.
2. Weigelt and Langner [1989] 528-531.
3. Weigelt and Langner [1989] 546-549; Schultz [1999] 362-369; 桜井 [1996] 151-153.
4. Koschinski [2019] 22-29, 44-57, 60-67.
5. Weigelt and Langner [1989] 543.
6. Koschinski [2019] 42-43, 104-107.
7. Weigelt and Langner [1989] 533.
8. Ibid. 580.
9. Schwarz [1985]; Gortner [1985]; Brand [1985] ; Liebl, Krummheuer, et.al. [1985] 61-65.
10. 鳩澤 [2018] 21-25.
11. Weigelt and Langner [1989] 582.
12. Sleifer [2006] 49-91, 114-116; Kaschka [2011] 288-289.
13. Sleifer [2006] 50.
14. Petchow, Meyerhoff and Thomasberger [1990] (白川・寺西・吉田訳 [1994] 177-179.)
15. Koschinski [2019] 142-144.
16. Kaschka [2011] 266-268.
17. Ibid., 153, 239-265.
18. Rödder [2020] 14.
19. Kopper [1999] 326.
20. Schwarz [1991] 17.
21. Ibid., 7-30.

48. Kopper [1999] 311-312; Preuß [2000] (2015) 190-192.
49. Kaschka [2011] 199-217; Knipping [2019] b.

第5章

1. Fulbrock [1992 (2000)] 60-61 (芝訳 [2009] 84-85).
2. Kandler [2014]; DB Museum (ed.) [2001] 96-97, 106-107; Goller [2017]; 鴋澤 [2020] 233.
3. Preuß [2005 (2015)] 54-55; Wikipedia"Renate Fölsch".
4. DB AG [2020]
5. 鴋澤 [2018] 237-242, 277-278.
6. Weigelt and Langner [1989], 185-188.
7. Vogel [1960] 139-140.
8. Gottwardt [1995] 129-130; 鴋澤 [2018] 26-28.
9. Weigelt and Langner [1989] 346-348.
10. Joachimsthaler [1985] 47-49, 87-92.
11. Ibid., 95-278.
12. Ibid., 250-251, 257.
13. 矢野 [2004]; ナチ時代とBRDの外国人労働者受け入れに関する法制的連続性については, 矢野 [2010] 29, 31-32, 54-55を参照.
14. Kopper [1999] 285-287; DB Museum (ed.) [2001] 30-31.
15. Kill, Kopper and Peters [2016].
16. 石井 [2010] 244-245, 246-247; 河合 [2020] 2, 193-196.
17. Kaschka [2011] 301-302.
18. BA Berlin-Lichterfelde DM1/39260.
19. Deutsche Reichsbahn Reichsbahndirection Berlin Politabteilung, "Argumentation", Berlin, den 4.12.1963, in BA Berlin-Lichterfelde DM1/39260 N.page (1-10).
20. Mählert [2009] 103-106 (伊豆田訳 [2019] 115-118).
21. 日本ドイツ民主共和国友好協会編 [1981] 144;白川 [2017] 192.
22. Deutsche Reichsbahn/ Reichsbahndirektion Berlin/ Politische Abteilung, "Ergänzung zur Kurzinformation vom 2. 12.1964 über Fragen, die sich aus der Anordnung des Ministers über die Zahlung aller Bezüge der Westberliner Eisenbahner in der in Westberlin gültigen Währung ergeben", Berlin, den 11.Dez, 1964, in DM1/39260, N.page (1-4).
23. Deutsche Reichsbahn Reichsbahndirektion Berlin Politische Abteilung, "Einschätzung der politischen Massenarbeit der Betriebsgruppen der SED-W in den Betrieben und

12. Dittfurt [2013] 132-136 ; Kolodoziej [2009] 9-12.
13. Kaschka [2011] 217.
14. Sleifer [2006] 50.
15. Wolle [2011] 92; Steiner [2020] 27-33.
16. Sleifer [2006] 66.
17. 出水 [1978] 159-209; 古内 [2007] 117-136.
18. 古内 [2019] 13.
19. 猪木 [2009] 91-95, 116-120, 131-154.
20. 矢野 [2004] 24-26; 矢野 [2010]
21. 清水 [2016] 239-243, 243-252.
22. 石井 [2016] 68-78; 白川 [2017] 175, 184-188.
23. Sleifer [2006] 104-117;131-134.
24. 白川 [2017].
25. DB Museum (ed.) [2001] 51.
26. Winkler and Knipping [2019].
27. Knipping [2019] a; DB Museum (ed.) [2001] 53.
28. Wolle [2011] 51; 白川 [2017] 188-192; Steiner [2020] 28.
29. Kopper [1999] 308-309; Knipping, [2019] b.
30. Kaschka [2011] 175.
31. Ibid., 127-128.
32. DB Museum (ed.) [2001] 76-77.
33. Weigelt and Langner [1989] 133, 134-135, 215-216.
34. Ibid., 251-253.
35. Ibid., 224-225.
36. Ibid., 158, 292; DB Museum (ed.) [2001] 74-75.
37. Ibid., 163, 309.
38. Ibid., 291; DB Museum (ed.) [2001] 72-73.
39. Ibid., 28.
40. 日本国有鉄道外務部編 [1968] 18-19.
41. 日本国有鉄道外務部編 [1968] 33-37; Weigelt and Langner [1989] 281-282.
42. Weigelt and Langner [1989] 282-3.
43. Ibid., 380-381.
44. Ibid., 387-389.
45. Kaschka [2011] 234-235.
46. Wolle [2011] 62-64.
47. Kaschka [2011] 186-188.

4. Kopper [1999] 290-293.

5. Kuhlmann [2020] 23-24.

6. Vetter (ed.) [2019] 188.

7. Kolodziej [2009] 11.

8. DB Museum (ed.) [2001], 37.

9. 以上のストライキの経緯は, Berliner S-Bahn Museum [2002] 82-84を参照.

10. 以上の経緯は, ibid., 85-90, 91-96を参照.

11. Berliner S-Bahn Museum [2002] 87.

12. Applebaum [2012] (山崎訳 [2019] 265) ; 河合 [2020] 91.

13. Garska [2006] (大川訳 [2019] 173-175.)

14. Preuß [2019] a 49.

15. Kaschka [2011] 38-40; Preuß [2005 (2015)], 31.

16. Kuhlmann [2020] 62-63.

17. "Berichterstattungen von in die DDR zurückgekehrten ehemals "Republikflüchtigen" über ihre Lebenssituation Westdeutschland 1953-54", BA Berlin-Lichterfeld DM/1/39264.

18. 伊豆田 [2015]

19. gez.Kahrlheim Freyberg/ Bf Nordhauen, 1954?. in BA Berlin-Lichterfelde, DM/1/39264 (1-4).

20. Kopper [1999] 293.

第4章

1. マーザー [1995] 151.

2. Sleifer [2006] 49-51.

3. Dittfurth and Berliner S-Bahn-Museum [2013] 11.

4. Mählert [2009] 95-96 (伊豆田訳 [2019] 107).

5. Sleifer [2006] 53.

6. Zentrales Forschungsinstitu des Verkehrswesens der Deutschen Demokratischen Republik [1987] 205.

7. Dittfurth and Berliner S-Bahn-Museum [2013] 35.

8. Ibid., 26-49.

9. Gottwaldt [2013] 62.

10. Kopper [1999] 300-301;Kuhlmann [2020] 20.

11. "Im, Sputnik' um Berlin:Drei Stunden auf dem Außenring – Beobachtungen aus dem Abteilfenster" 9. August 1963, 8:00 Uhr"in DER ZEIT NR. 32 [1963].

13. 古内［2019］13.
14. Weigelt and Langner［1989］118-119.
15. 日本国有鉄道外務部編［1968］53-55.
16. 日本国有鉄道外務部編［1968］18-19, 29-30.
17. Weigelt and Langner［1989］61; 日本国有鉄道外務部編［1968］30, 54-55.
18. DB Museum (ed.)［2001］26-27; Nicholls［1999］248-249; Preuß［2005］57-58.
19. Kaschka［2011］54.
20. 清水［2015］52, 74-114.
21. Wolle［2004］3-18.
22. Müller［2011］（板坂・田口訳［2019］59-62）
23. DB Museum (ed.)［2001］37; Kuhlmann［2020］55-56.
24. Kaschka［2011］37-49.
25. Kießling［1998］; Preuß［2000（2015）］186-188;［2005（2015）］, 16; DB Museum (ed.)［2001］(2008) 44.
26. 星乃［2009］
27. 以上のクライケマイアーの経歴は, 主にKießling［1998］による.
28. 鵜澤［2018］166-167.
29. Kaschka［2011］54.
30. Preuß［2000（2015）］184-185;［2005（2015）］8-15.
31. Sleifer［2020］19.
32. Preuß［2005（2015）］18.
33. Preuß［2000（2015）］188-190; Preuß［2005（2015）］16-18; Preuß［2019］b, Kaschka［2011］71-74.
34. Nicholls［1999］261.
35. Kopper［1999］285-287.
36. Nicholls［1999］261-264, DB Museum (ed.)［2001］30-31.
37. Massute［1964］; Hildebrandt［1999］224.
38. ヴァーグナー, ヴィッテの生涯については, Gottwaldt［2012］; Gottwaldt［2014］.

第3章

1. Wolle［2011］30-33; 清水［2015］168-169; Mählert［2009］69-72（伊豆田訳［2019］79-81）; 河合［2020］63-65.
2. Sleifer［2006］49-73.
3. Wolle［2011］33-36 ; 清水［2015］169-174 ; Mählert［2009］72-77（伊豆田訳［2019］81-87）;河合［2020］65-72.

第1章

1. 鳩澤［2020］193-203.
2. Deutsche Reichsbahn-Gesellschaft,［1934］50.
3. 鳩澤［2018］287-293;［2020］239-241など.
4. ドイツにおける戦争の被害については，諸研究に数字の完全な一致はない．ここでは出水［1978］7-9所収の1959年時点のBRD公式数値を基本に，Judt［2005］; MacDonough［2007］; Lowe［2012］などの数値を参照した．
5. 出水［1978］13-19; 白川［2017］27-110.
6. Vogel［1960］139-140; DB Museum（ed.）［2001］12-13; 鳩澤［2020］252-253.
7. 出水［1978］37; Ciesla［2013（2020）］60-67.
8. Garska［2006］（大川訳［2019］32-33.）
9. Kaschka［2011］55.
10. MacDonough［2007］162-196 ; Lowe［2012］（猪狩・望訳［2019］389-395.）
11. 鳩澤［2018］218-293.
12. 永畑［2018］
13. とくにライヒスバーンが利用した強制的な労働者については，Nerdinger［2018］を参照.
14. DB Museum（ed.）［2001］34-35; Nicholls［1999］245-251.
15. DB Museum（ed.）［2001］27 ; Kuhlmann［2020］55.

第2章

1. 古内［2007］51-84; 古内［2019］.
2. 奥西他［2020］296-299, 316-319.
3. Milward［2000］
4. 出水［1978］59-63; 古内［2007］76, 77, 84.
5. Jarausch［2006］86.
6. DB Museum（ed.）［2001］34-35.
7. From（Max）Leibbrandt to Präsidenten der Reichsbahndirektion Hannover, Betrf. Wissenschaftliche Vereinigung für Verkehrswesen e.v.（WVV）, Bielefeld, den 29. Juni 1946, in BA Berlin-Lichterfel, R5 3340 1945-46, N. page.
8. Weigelt and Langner［1989］38; DB Museum（ed.）［2001］44-45.
9. Weigelt and Langner［1989］48.
10. 日本国有鉄道外務部編［1968］27-28.
11. 古内［2007］87-100.
12. Weigelt and Langner［1989］65.

注

はじめに

1. 田中［2016］211-221.
2. 小玉［2020］273, 289-290.
3. 東十字の熊さん「『環状線』はどこ？：『夏の闇』とベルリンSバーン」［2019］.
4. “S-BAHN WEST-BERLIN FAHRPLAN 1967 - Gültig ab: 2. Oktober 1967” in “DIE CHRONIK für Berlins Nahverkehr von 1881 bis 2020”.
5. たとえば資本主義体制内の制度的多様性の分析や，かつての「体制移行」とは逆方向ともいえる発展途上国の市場経済システム導入の観察などがその内容．内田［2011］，中兼［2010］など．
6. Berghof and Balbier［2020］6.
7. 小松［1968］．開高健と同郷・同世代の SF作家は，現生人類のあとを継ぐ新人類を科学的に空想し，開高の『日本三文オペラ』（1959）と同じく，大阪市中の広大な焼け跡にうごめく鉄屑窃盗集団・アパッチ族を題材に処女長編小説『日本アパッチ族』（1964）を書いた．『継ぐのは誰か？』も，行き詰まった人類の後に未来を担うべきものは何かという問いを，青春小説の枠組みで描いた作品である．近未来の国際研究都市で知的エリートの若者たちと新人類との接触が描かれた．
8. Schumpeter［1954］（東畑・福岡訳［2005］）
9. 「グレタさん“床座り写真”で注目　ドイツ鉄道“ファーストクラス”はどんなサービス？」J-Castニュース（2019年12月18日）
10. 工藤・田嶋［2008］; 望田［2009］など．
11. 高岩［1988］
12. 日本ドイツ民主共和国友好協会編［1981］
13. 北島［2011］148.
14. マーザー［1995］; 石田［2005］; Rödder［2020］（板橋訳［2020］）．とくに東ドイツに関しては，Wolle［2011］; Engler［1999］（岩崎・山本訳［2010］）; Mählert［2009］（伊豆田訳［2019］）; 川越・河合［2016］; 河合［2020］を参照．
15. ドイツ鉄道業への経済史研究についてはFremdling［1975］．以下のライナー・フレムトリングの業績が代表的である．
16. 鳩澤［2006］「第一部」など．

館言語文化研究』23（3）.
日本国有鉄道外務部編［1968］『欧米諸国の鉄道と交通政策』財団法人運輸調査局
日本ドイツ民主共和国友好協会編［1981］『社会主義のドイツ：その社会と文化』大月書店
鴋澤歩［2006］『ドイツ工業化における鉄道業』有斐閣
鴋澤歩（編著）［2011］『ドイツ現代史探訪：社会・政治・経済』（大阪大学新世紀レクチャー），大阪大学出版会
鴋澤歩［2018］『鉄道人とナチス：ドイツ国鉄総裁ユリウス・ドルプミュラーの二十世紀』国書刊行会
鴋澤歩［2020］『鉄道のドイツ史：帝国の形成からナチス時代、そして東西統一へ』中公新書
藤澤利治・工藤章（編）［2019］『ドイツ経済：EU経済の基軸』ミネルヴァ書房
古内博行［2007］『現代ドイツ経済の歴史』東京大学出版会
古内博行［2019］「ドイツ経済の概観：1945年以降の発展軌跡」藤沢利治・工藤章（編著）『ドイツ経済：EU経済の基軸』ミネルヴァ書房：7-35.
星乃治彦［2009］『赤いゲッベルス：ミュンツェンベルクとその時代』岩波書店
マーザー,ヴェルナー［1995］『現代ドイツ史入門：分裂から統一への五〇年』小林正文訳,講談社現代新書
見市知［2009］『ベルリン　東ドイツをたどる旅』産業編集センター
望田幸男［2009］『二つの戦後・二つの近代：日本とドイツ』MINERVA歴史・文化ライブラリー
矢野久［2004］『ナチス・ドイツの外国人：強制労働の社会史』（叢書 歴史学への招待）現代書館
矢野久［2010］『労働移民の社会史：戦後ドイツの経験』現代書館
山田晟［1995］『東西両ドイツの分裂と再統一』有信堂
弓狩匡純［2004］『国のうた：National Anthems of the World』文藝春秋
渡邉 徹［2010］「ベルリンS・Uバーン発達史：第二次世界大戦までを中心に」『早稲田商學』425：71-98（139-166）.

出水宏一［1978］『戦後ドイツ経済史』東洋経済新報社
猪木武徳［2009］『戦後世界経済史：自由と平等の視点から』中公新書
岩間陽子［1993］『ドイツ再軍備』中公叢書
内田成［2011］「比較経済体制論：制度主義的視点からの展望」『川口短大紀要』25：17-32.
奥西孝至・鳩澤歩・堀田 隆司・山本 千映［2010］『西洋経済史』有斐閣アルマ
開高健［2010］『夏の闇』直筆原稿縮刷版,新潮社
河合信晴［2016］a「東ドイツ研究の現在」川越修・河合信晴『歴史としての社会主義：東ドイツの経験』ナカニシヤ出版：92-113.
河合信晴［2016］b「東ドイツでの余暇活動:休暇旅行の実態から」川越修・河合信晴『歴史としての社会主義：東ドイツの経験』ナカニシヤ出版：230-255.
河合信晴［2020］『物語　東ドイツの歴史：分断国家の挑戦と挫折』中公新書
川越修・河合信晴［2016］『歴史としての社会主義：東ドイツの経験』ナカニシヤ出版
北島瑞穂［2011］「『もうひとつのドイツ』の記憶：東ドイツに生きた人々とともに」鳩澤歩（編著）『ドイツ現代史探訪—社会・政治・経済』大阪大学新世紀レクチャー,大阪大学出版会：130-153.
工藤章［1999］『20世紀ドイツ資本主義：国際定位と大企業体制』東京大学出版会
工藤章・田嶋信雄（編）［2008］『日独関係史　一八九〇－一九四五』東京大学出版会
古賀勝次郎［1981］『ハイエクの政治経済学』新評論
小玉武［2020］『評伝　開高健：生きた、書いた、ぶつかった！』ちくま文庫
小松左京［1968］『継ぐのは誰か？』早川書房（角川文庫1977）
桜井徹［1966］『統一ドイツと公企業の民営化：国鉄改革の日独比較』同文館
清水耕一［2016］「社会主義経済再考：東ドイツ計画経済の真実」川越修・河合信晴『歴史としての社会主義：東ドイツの経験』ナカニシヤ出版：230-255.
清水聡［2015］『東ドイツと「冷戦の起源」1949-1955年』法律文化社
白川欽哉［2017］『東ドイツ工業管理史論』北海道大学出版会
妹尾哲志［2011］『戦後西ドイツ外交の分水嶺—東方政策と分断克服の戦略、1963～1975年』晃洋書房
高岩仁［1988］『東ドイツ、いま：ドイツ民主共和国　エルベ河の社会主義』御茶の水書房
田中克彦［2016］『田中克彦自伝：あの時代、あの人びと』平凡社
田野大輔・柳原伸洋（編）［2016］『教養の現代ドイツ史』ミネルヴァ書房
中兼和津次［2010］『体制移行の政治経済学：なぜ社会主義国は資本主義に向かって脱走するのか』名古屋大学出版会
永畑紗織［2018］「ドイツ人の東欧からの引き揚げや故郷喪失をめぐる文学」『立命

〈web〉

DB AG［2020］“Frauen bei der Eisenbahn” https://www.deutschebahn.com/de/konzern/geschichte/eisenbahnerinnen-4984890, Deutsche Bahn.（2020年12月17日閲覧）

“Frauen hatten bei der Bahn ein Zölibat” in Kurier（18.04.2017）, https://www.kurier.de/inhalt.frauen-hatten-bei-der-bahn-ein-zoelibat.de408a2a-1283-47a2-9db8-b3386c64c9d0.html（2020年10月24日閲覧）

Goller, Jürgen（interviewed by Christopher Harms）［2017］, “Frauen bei der Eisenbahn – Von den Anfängen bis zur Gegenwart”, https://www.allianz-pro-schiene.de/themen/aktuell/ausstellung-frauen-bei-der-eisenbahn/ Allianz pro Schiene e. V.（08. Juni 2017）（2020年10月21日閲覧）

J-Castニュース［2019］「グレタさん“床座り写真”で注目　ドイツ鉄道“ファーストクラス”はどんなサービス？」（2019年12月18日）https://www.j-cast.com/2019/12/18375481.html?p=all（2020年10月4日閲覧）

Kurier（Redaktion）［2017］, “Frauen hatten bei der Bahn ein Zölibat” in Kurier（18.4. 2017）https://www.kurier.de/inhalt.frauen-hatten-bei-der-bahn-ein-zoelibat. de408a2a-1283-47a2-9db8-b3386c64c9d0.html（2020年10月24日閲覧）

“S-BAHN WEST-BERLIN FAHRPLAN 1967 - Gültig ab: 2.Oktober 1967” in “DIE CHRONIK für Berlins Nahverkehr von 1881 bis 2020” https://www.berliner-linienchronik.de/s-bahn-west-1967.html（2020年1月25日閲覧）

The Wall Museum［2020］, “DDR ENTDECKT PREUßEN” 11.03.2020, https://thewallmuseum.com/die-ddr-entdeckt-preusen/（2020年10月22日閲覧）

Wikipedia “Renate Fölsch” https://de.wikipedia.org/wiki/Renate_F%C3%B6lsch（2020年10月21日閲覧）

東十字の熊さん［2009］「『環状線』はどこ？：『夏の闇』とベルリンSバーン」https://ostkreuz.exblog.jp/12546111/（2020年1月25日閲覧）

〈邦文献〉

石井聡［2010］『もう一つの経済システム：東ドイツ計画経済下の企業と労働者』北海道大学出版会

石井聡［2016］「職場における『つながり』：工業企業現場の実態」川越修・河合信晴（編）『歴史としての社会主義：東ドイツの経験』ナカニシヤ出版：66-91.

石田勇治［2005］『20世紀ドイツ史』白水社

石田勇治［2014］『過去の克服：ヒトラー後のドイツ　新装復刊』白水社

伊豆田俊輔［2015］「草創期文化同盟の群像　1945-1947：SBZにおける知識人たちとナチズム」『九州歴史科学』43巻：22-50.

1914-1945", in Broadberry Stephen, and O'Rourke Kevin H.,(eds.), *The Cambridge Economic History of Modern Europe, vol.2, 1870 to the Present,* Cambridge University Press: 156-180.

Rödder, Andreas［2020］, *Geschichte der Deutschen Wiedervereingung,* C.H.Beck, 2020.（レダー［2020］『ドイツ統一』板橋拓己訳, 岩波新書）

Schultz, Günther［1999］, "Die Deutsche Bundesbahn 1949-1989", in Gall, Lothar v.und Pohl, Manfred（eds.）, *Die Eisenbahn in Deutschland: Von den Anfängen bis zur Gegenwart,* C.H.Beck : 317-376.

Schumpeter, Joseph A.［1954］, *History of Economic Analysis*（by edited from Manuscript by Elizabeth Boody Schumpeter）, Oxford University Press.（シュンペーター［2005］『経済分析の歴史』上, 東畑精一・福岡正夫訳, 岩波書店）

Schwarz, Helmut［1985］, "Das Räderwerk des Todes: Die Reichsbahn und die "Endlösung" der Judenfrage" in Eisenbahnjahr Ausstellungsgesellschaft mbH, *Zug der Zeit, Zeit der Zuge : Deutsche Eisenbahn 1835-1985,* Bd.2., Siedler: 682-689.

Schwarz, Rainer［1991］, *Über Innovationspotentiale und Innovationshemmnisse in der DDR-Wirtschaft,* Wissenschaftszentrum Berlin. Discussion Paper FS IV : 91-26.

Sleifer, Jaap［2006］, *Planning Aheads and Falling Behind: The East Germany Economy in Comparison with West Germany, 1936-2002,* Akademie Verlag.

Steiner, Andre［2020（2013）］, "From Soviet Occupation Zone to 'New Eastern States: A Survey" in Berghoff , Hartmut and Balbier, Uta Andrea（eds.）, *The East German Economy, 1945-2010:Fallig Behind or Catching Up?,* Cambridge University Press:17-49.

Vetter, Klaus-Jürgen（ed.）［2019］, *Das war die Deutsche Reichsbahn: Alles Wichtige zur "Eisenbahn in Volkes Hand",* GaraMond.

Vogel, Theodor［1960］, "125 Jahre deutsche Eisenbahn: Rückschau und Ausblick" in *Jahrbuch des Eisenbahnwesens,* 11 Folge: 119-163.

Weigelt, Horst and Langner, Ulrich［1989］, *40 Jahre Deutsche Bundesbahn 1949-1989,* Hesta-Verlag.

Winkler, Dirk and Knipping Andreas［2019］, "Die Neue Feuerungsart: Kohlen staubloks in den 50er- und 60er Jahren" in Vetter, Klaus-Jürgen(ed.), Das war die Deutsche Reichsbahn: Alles Wichtige zur "Eisenbahn in Volkes Hand", GaraMond : 18-19.

Wolle, Stefan［2011］, *DDR: Eine Kurze Geschichte,* Fischer Taschen Verlag.

Zentrales Forschungsinstitut des Verkehrswesens der Deutschen Demokratischen Republik［1987］, *Vom Knüppeldam zum Hauptbahnhof : Daten und Fakten zur Verkehrsgeshichte der Stadt Berlin,* Report 14. Jahrgang, Heft 30.

Liebl, Toni, Stroffels, W., Krummheuer, E., et.al., [1985], *Offizieller Jubiläumsband der Deutschen Bundesbahn: 150 Jahre Deutsche Eisenbahn,* Eisenbahn-Lehrbuch Verlagsgesellschaft.

Lowe, Kieth [2012], *Savage Continent: Europe in the Aftermath of World War II*, Viking 2012.（ロウ［2019］『蛮行のヨーロッパ：第二次世界大戦直後のヨーロッパの暴力』猪狩弘美・望龍彦訳, 白水社）

MacDonough, Giles [2007], *After the Reich: The Brutal History of the Allied Occupation*, Basic Books.

Massute, Erwin [1964], "Gerteis, Adolf" in *Neue Deutsche Biographie* (*NDB*). Band 6, Duncker & Humblot, Berlin: 330-331.

Mählert, Ulrich [2009], *Kleine Geschichte der DDR,* Beck.（メーラート［2019］『東ドイツ史1945-1990』伊豆田俊輔訳,白水社）

Milward, Alan [2000], *The European Rescue of the Nation State*, Routledge.

Müller, Jan-Werner [2011], *Contesting Democracy: Political Ideas in Twentieth Century Europe*,Yale University Press.（ミュラー［2019］『試される民主主義：20世紀ヨーロッパの政治思想』【上】【下】板橋拓己・田口晃監訳, 岩波書店）

Nerdinger, Winfried (ed.) [2018], *Zwangsarbeit in München : Das Lager der Reichsbahn in Neuaubing*, Metropol.

Nicholls, Anthony Janes [1999], "Zusammenbruchund Wiederaufbau: Die Reichsbahn während der Besatzungszeit" in Gall, Lothar v. und Pohl, Manfred (eds.), *Die Eisenbahn in Deutschland : Von den Anfängen bis zur Gegenwart*, C. H. Beck: 246-279.

Petchow, Ulrich, Meyerhoff,Jürgen and Claus Thomasberger [1990], *Umweltreport DDR: Bilanz der Zerstörung, Kosten der Sanierung, Strategien für den ökologischen Umbau. Eine Studie des Institus für Ökologische Wirtschaftsforschung*, S.Fischer.（白川欣也・寺西俊一・吉田文和訳［1994］『統合ドイツとエコロジー』古今書院）

Preuß, Erich [2000 (2015)], *Reichsbahn Report: 1945-1993 Tatsachen-Legende- Hintergründe*, (*Reichsbahn Report: Zwischen Ideologie und Wirklichkeit*) Transpress.

Preuß, Erich [2005 (2015)], *Reichsbahn Report 2: 1945-1993, 2005* (*Reichsbahn Report: Zwischen Ideologie und Wirklichkeit*) Transpress.

Preuß, Erich [2019]a "Die Reichsbahn und die Politik: Für den Sozialismus" in Vetter, Kraus-Jürgen (ed.), *Das war die deutsche Eisenbahn: Alles Wichtige zur "Eisenbahn in Volks Hand",* GaraMond : 44-49.

Preuß, Erich [2019]b "Der Eisenbahn-Minister, Zur Person: Erwin Kremer", in Vetter Kraus-Jürgen (ed.), *Das war die deutsche Eisenbahn: Alles Wichtige zur "Eisenbahn in Volks Hand",* GaraMond : 50-51.

Ritschel, Albrecht and Straumann, Tobias [2010], "Business Cycles and economic Policy

sciences sociales, Seuil（ジャブロンカ［2018］『歴史は現代文学である：社会科学のためのマニフェスト』真野倫平訳，名古屋大学出版会）

Jarausch, Konrad H.［2006］, *After Hitler: Recivilizing Germans, 1945-1995*,（translated by Brandon Hunziker）, Oxford University Press.

Joachimsthaler, Anton［1985］, *Die Breitspurbahn: Das Projekt zur Erschliessung des gross-europäischen Raumes 1942-1945*, Herbig.

Judt, Tony［2005］, *Postwar: A History of Europe Since 1945*, William Heinemann, 2005.（ジャット［2008］『ヨーロッパ戦後史』【上】【下】森本醇訳, みすず書房）

Kandler, Udo［2014］, *Frauen bei Reichsbahn*, Klartext Verlag.

Kaschka, Ralph［2011］, *Auf dem falschen Gleis: Infrastrukturpolitik und –entwicklung der DDR am Beispiel der Deutschen Reichsnbahn 1949-1989*, Campus Verlag.

Kießling,Wolfgang［1998］, *Leistner ist Mielke. Schatten einer gefälschten Biographie,* Aufbau Taschenbuch Verlag, Berlin.

Kill, Susanne, Kopper, Christopher and Jan-Henrik Peters［2016］, *Die Reichssbahn und der Strafvollzug in der DDR: Häftlingszwangsarbeit und Gefangenentransport in der SED-Diktatur*, Klartext.

Klaus-Jürgen（ed.）［2019］, *Das war die Deutsche Reichsbahn: Alles Wichtige zur "Eisenbahn in Volkes Hand"*, GaraMond.

Knipping, Andreas［2019］a "Die fast neuen Dampfloks: Zauberwort Rekonstruktion" in Vetter, Klaus-Jürgen（ed.）［2019］, *Das war die Deutsche Reichsbahn: Alles Wichtige zur "Eisenbahn in Volkes Hand"*, GaraMond : 14-17.

Knipping, Andreas［2019］b "Elektro- und Diesel-traktion 1949-1971:Langsam voran" in Vetter, Klaus-Jürgen(ed.) *Das war die Deutsche Reichsbahn: Alles Wichtige zur "Eisenbahn in Volkes Hand",* GaraMond : 32-39.

Knipping, Andreas［2019］c "Praktisch Staatstragend: Die Deutsche Reichsbahn 1971-1989"in Vetter, Klaus-Jürgen(ed.) *Das war die Deutsche Reichsbahn: Alles Wichtige zur "Eisenbahn in Volkes Hand",* GaraMond : 118-128.

Kolodziej, Ekkehard［2009］, *Die Berliner S-Bahn*（*Eisenbahn-Bildarchiv*）, Ek-Verlag.

Komitee der Deutschen Demokratischen Republik zum 750jährigen Bestehen von Jahre Berlin［1986］, *750 Jahre Berlin: Das Buch zum Fest*,VEB Tourist Verlag.

Kopper, Christopher［1999］, "Die Deutsche Reichsbahn 1949-1989" in Gall, Lothar v. und Pohl, Manfred（eds.）, *Die Eisenbahn in Deutschland: Von den Anfängen bis zur Gegenwart,* C.H.Beck：281-316.

Koschinski, Konrad［2019］, *DB und DR in den 1980er-Jahren*, VGB/Klartext.

Kuhlmann, Bernd［2020］, *Die Deutsche Reichsbahn in West-Berlin: Interzonen Verkehr, die S-Bahn und die DR,* Transpires.

Fremdling, Rainer and Stäglin, Reiner [2003], "Die Industrieerhebung von 1936: Ein Inpu-Output-Ansatz zur Rekonstruktion der volkswirtschaftlichen Gesamtrechnung für Deutschland im 19. und 20. Jahrhundert- ein Arbeitsbericht", in VSWG (90) : 416-28.

Fremdling, Rainer und Stäglin, Reiner [2012], "Verschleierung mit Statistik: Kriegwirtschaftliche Desinformation im Nationalsozialismus", VSWG (99) : 323-335.

Fulbrock, Mary [1992(2000)] *Interpretations of the Two Germanies 1945-1990* (Studies in European History, Palgrave Macmillan (フルブロック [2009]『二つのドイツ 1945-1990』芝健介訳, 岩波書店)

Gall, Lothar v. und Pohl, Manfred (eds.) [1999], *Die Eisenbahn in Deutschland: Von den Anfängen bis zur Gegenwart*, C. H. Beck.

Garska, Dietrich [2006], *Das schwiegende Klassenzimmer*, Ullstein Verlag. (ガルスカ [2019]『沈黙する教室 1956年東ドイツ：自由のために国境を越えた高校生たちの真実の物語』大川珠季訳, アルファベータブックス)

Gortner, Ernst [1985], "'Abezählt vor jedem Abteil': Augenzeugenberichte über die Deportation fränkischer Juden", in *Eisenbahnjahr Ausstellungsgesellschaft mbH, Zug der Zeit, Zeit der Zuge : Deutsche Eisenbahn 1835-1985* , Bd.2, Siedler : 690-691.

Gottwaldt, Alfred [1978], *Geschichte der deutschen Einheits-Lokomotiven: Die Dampflokomotiven der Reichsbahn und ihre Konstrukteure*, Franckh.

Gottwaldt, Alfred [1995], *Julius Dorpmüller, die Reichsbahn und die Autobahn: Verkehrspolitik und Leben des Verkehrsministeres bis 1945*, Argon.

Gottwaldt, Alfred [2012], *Wagners Einheitslokomotiven: Der Dampflokomotiven der Reichsnbahn und ihre Schöpfer*, EK-Verlag.

Gottwaldt Alfred B. [2013], *Das Berliner U- und S-Bahnnetz: Eine Geschichte in Streckenplänen von 1888 bis Heute*, Transpress.

Gottwaldt, Alfred [2014], *Wittes Neubaulokomtiven: Die Letzten Dampfloks der Deutschen Bundesbahn und ihre Schöpfer 1949-1977*, Ek-Verlag.

Gruner, Wolf. D. [1993], *Die Deutsche Frage in Europa 1880-1990*, R.Piper. (グルーナー [2008]『ヨーロッパのなかのドイツ 1800-2002』丸畠宏太・進藤修一・野田昌吾訳, ミネルヴァ書房)

Hayek, F.A. (ed. by W. W. Bartley III) [1988], *The Fatal Conceit: Errors of Socialism* (Collected Works of Friedrich August Hayek) Routledge. (ハイエク [2009]『致命的な思いあがり』ハイエク全集第2期,渡辺幹雄訳, 春秋社)

Hildebrandt, Klaus [1999], "Die Deutsche Eisenbahn in der nationalsozialistischen Diktatur 1933-1945", in Gall, Lothar v. und Pohl, Manfred (eds.), *Die Eisenbahn in Deutschland: Von den Anfängen bis zur Gegenwart*, München :166-243.

Jablonka, Ivan [2014] L'histoire est une littérature contemporaine : Manifeste pour les

山崎博康訳,白水社）

Berghoff, Hartmut and Balbier, Uta Andrea（eds.）［2013（2020）］,*The East German Economy 1945-2010 : Falling behind or catching up?*, German Historical Institute and Cambridge University Press.

Berliner S-Bahn Museum［2002］, *Strecke ohne Ende: Die Berliner Ringsbahn*, Verlag GVE.

Berliner S-Bahn-Museum［2009］, *Mauerfall 1989 : Berlin und Brandenburg grenzlos mit Bahn und Bus*, Verlag GVE.

Biskupek, Matthias, Wedel, Mathias und Ralf Pierau［2003］,*Urlaub, Klappfix, Ferienscheck. Reisen in der DDR*, Eulenspiegel Verlag.

Brand, Harn-Hinrich ［1985］, "Nationalsozialismus und Bürokratie: Überlegungen zur Rolle der Eisenbahn bei der Vernichtung der europäischen Juden" in *Eisenbahnjahr Ausstellungsgesellschaft mbH, Zug der Zeit, Zeit der Zuge : Deutsche Eisenbahn 1835-1985*, Bd.2., Siedler: 693-701.

Ciesla, Brughard［2013（2020）］, "Winner takes all: The Soviet Union and the beginning of central planning in Eastern Germany" in Berghoff Hartmut and Balbier Uta Andrea（eds.）, *The East German Economy 1945-2010 : Falling Behind or Catching Up?,* Cambridge University Press: 53-75.

DB Museum（ed.）［2001］, *Auf Getrennten Gleisen: Reichsbahn und Bundesbahn 1945-1989: Geschichte der Deutschen Eisenbahn*（Katalog zur Dauerausstellung im DB Museum Bd.3）, DB Museum.

Deutsche Reichsbahn-Gesellschaft［1934］, *Wirtschaftsführung und Finanzwesen der Deutschen Eisenbahn,* Berlin.（財団法人運輸調査局訳［1960］『ドイツ国有鉄道の経理および財務制度』調査資料,号外60-1,財団法人運輸調査局）

Dittfurth, Udo and Berliner S-Bahn-Museum［2013］, *August 1961: S-Bahn und Mauerbau*, GVE-Verlag.

Eisenbahnjahr Ausstellungsgesellschaft m.b.H. ［1985］, *Zug der Zeit - Zeit der Züge. In 2 Bänden. Deutsche Eisenbahn 1835-1985* , Bd.1,2, Siedler.

Engler, Wolfgang［1999］, *Die Ostdeutschen: Kunde von einem verlorenen Land*, Aufbau Verlag.（エングラー［2010］『東ドイツのひとびと:失われた国の地誌学』岩崎稔・山本裕子訳, 未来社）

Fremdling, Rainer ［1975］, *Eisenbahnen und deutsches Wirtschaftswachstum 1840-1879. Ein Beitrag zur Entwicklungstheorie und zur Theorie der Infrastruktur*（*=Untersuchungen zur Wirtschafts-, Sozial- und Technikgeschichte. 2*）. Gesellschaft für Westfälische Wirtschaftsgeschichte.

Fremdling, Rainer ［2020］, *Nationalsozialistische Kriegwirtschaft und DDR: Planungstatistik1933-1949/50*（VSWG-Beiheft 251）, Franz-Steiner Verlag.

引用・参考文献

〈文書館資料〉

Bundesarchiv Berlin-Lichterefelde

DC 15 Deutsche Wirtschaftskomission
DC 15/68
Planung des Eisenbahn- und Strassenbahntransport bis Juli-Dez. 1948.

DM1/39259
Einschätzungen der politische Situation in den Dienststellen der DR in Westberlin 1963-1980.
Bd.2 1976-1980.

DM1/39260
Einschätzungen der politische Situation in den Dienststellen der DR in Westberlin 1963-1980.
Bd.1 1963-67.

DM/1/39264
Berichterstattungen von in die DDR zurückgekehrten ehemals "Republikflüchtigen" über ihre Lebenssituation Westdeutschland 1953-54.

R5 Reichsverkehrsministerium
3340 1945-1946.

〈公刊物〉

Abelshauser, Werner ［1994（2004）］, *Deutsche Wirtschaftsgeschichte seit 1945*, C. H. Beck.（アーベルスハウザー［1994］『現代ドイツ経済論：1945-80年代にいたる経済史的構造分析』酒井昌美訳）

Applebaum, Anne ［2012］, *Iron Curtain: The Crusching of Eastern Europe 1944-56*, Doubleday.（アプルボーム［2019］『鉄のカーテン：東欧の壊滅1944-56』【上】【下】

著者紹介

鴋澤歩（ばんざわ・あゆむ）

大阪大学大学院経済学研究科教授。1966年生まれ。大阪大学大学院経済学研究科博士後期課程中退、在ベルリン日本国総領事館（当時）専門調査員などを経て現職。専門は近現代ドイツ経済史・経営史。博士（経済学）。著書に『ドイツ工業化における鉄道業』（有斐閣、第50回日経・経済図書文化賞）、『鉄道人とナチス』（国書刊行会、第44回交通図書賞、第20回鉄道史学会・住田奨励賞）、『鉄道のドイツ史』（中公新書）、共著に『西洋経済史』（有斐閣アルマ）など。

人文知の復興 2

ふたつのドイツ国鉄

東西分断と長い戦後の物語

2021年3月31日　初版第1刷発行
2022年9月8日　初版第2刷発行

著者　鴋澤歩

発行者　東 明彦

発行所　NTT出版株式会社
〒108－0023
東京都港区芝浦3-4-1　グランパークタワー
営業担当　TEL 03-6809-4891　FAX 03-6809-4101
編集担当　TEL 03-6809-3276
https://www.nttpub.co.jp

装丁・本文デザイン　松田行正＋杉本聖士

本文組版　キャップス

印刷製本　中央精版印刷株式会社

ISBN 978-4-7571-4358-6 C0022

刊行のことば

　科学技術の急速な進展と産業の発達によって、人間の生活全般における身体的な負荷は驚くほど低下した。われわれは楽に、早く、遠くへ、そして多くのことを成し遂げられるようになった。人間は、小さな体からとてつもない巨人へと成長を遂げたかのようである。だが肉体の膨張は、人間の内部・外部にさまざまな空隙と亀裂を生み出しており、その空隙は何かによって満たされることを強く求めているように見える。

　改めて意識すべきは、科学と技術という個別の分野での発見や革新が、人類の全体としての進歩を必ずしも意味しないということだ。ジグソーパズルの一部を精緻に仕上げても、全体がいかなる絵柄になるのか知ろうとしない限り、社会の進歩について語ることは難しい。われわれは肉体、精神、物質のバランスに留意しつつ、「事実」を出来うる限り全体の文脈のなかで学ぶ知的誠実さを持たねばならない。と同時に、理想を抱き、「想像力」によって、さまざまな変化に倫理的誠実さを持って対応することも求められる。

　シリーズ「人文知の復興」は、古典を含む人文学や社会科学の遺産から、改めて「人間とはなにか」に迫り、現代社会が生み出している精神の「空隙」を満たすための一助として企画された。人間という謎、その人間が織りなす社会と向き合いながら、人文学、そして社会科学の役割、その重要性と面白さを広く読者に伝えたいという思いから、熱意あふれる執筆陣が自由なテーマとスタイルで読者諸兄姉に問いかけている。

　学生だけでなく、現役で社会活動に携わる方々、引退生活の中で来し方を振り返る人々にも、本シリーズが、善き生、善き社会を考える縁《よすが》となれば幸いである。

二〇二一年春　　猪木武徳